外国货币史译丛　　　　　石俊志 主编

AN INTRODUCTION TO
SASANIAN COINS

萨珊王朝货币史

大卫·赛尔伍德 (David Sellwood)
飞利浦·惠廷(Philip Whitting)　　著
理查德·威廉姆斯(Richard Williams)

付 瑶 译

中国金融出版社

责任编辑：仲　垣

责任校对：孙　蕊

责任印制：裴　刚

图书在版编目（CIP）数据

萨珊王朝货币史/（英）大卫·赛尔伍德，（英）飞利浦·惠廷，
（英）理查德·威廉姆斯著；付瑶译．—北京：中国金融出版
社，2019.4

（外国货币史译丛）

ISBN 978 - 7 - 5049 - 9897 - 2

Ⅰ.①萨…　Ⅱ.①大…　②飞…　③理…　④付…　Ⅲ.①货币史—萨珊
王朝（224 - 651）　Ⅳ.①F823.739

中国版本图书馆 CIP 数据核字（2018）第 283495 号

萨珊王朝货币史

Sashan Wangchao Huobishi

出版

发行　**中国金融出版社**

社址　北京市丰台区益泽路 2 号

市场开发部　（010）63266347，63805472，63439533（传真）

网上书店　http://www.chinafph.com

　　　　　　（010）63286832，63365686（传真）

读者服务部　（010）66070833，62568380

邮编　100071

经销　新华书店

印刷　保利达印务有限公司

尺寸　155 毫米 × 230 毫米

印张　11

字数　142 千

版次　2019 年 4 月第 1 版

印次　2019 年 4 月第 1 次印刷

定价　45.00 元

ISBN 978 - 7 - 5049 - 9897 - 2

如出现印装错误本社负责调换　联系电话(010)63263947

总　　序

　　货币史是经济史的重要组成部分。

　　货币史研究可以分为两种形式：一是关于古代货币本身的研究，在中国体现为《钱谱》《古泉谱》等民间著作，西方国家亦有各种《钱币目录》流传于世，这种研究被称为"钱币学"；二是关于古代货币发展历程的研究，在中国体现为历朝的《食货志》，以及近代学者撰写的货币史论著，西方国家亦有各种关于古代货币发展历程的专著。

　　近代数百年间，世界范围的社会史学出现了蓬勃的发展，结合古代钱币学的丰硕成果，促进了货币史学的崛起，各种货币史著作纷纷涌现，使我们能够在此基础上，开展进一步的研究。

　　研究货币史可以使我们同时获得两个方面的学术成果：一是货币学的学术成果；二是历史学的学术成果。研究外国货币史更可以使我们深刻了解世界各国的社会结构、历史演变和文化根源。

　　货币史学借助货币学与历史学学科交叉的方式，通过对古代各王朝货币状况的分析，深入探讨货币起源、货币本质、货币演变规律等货币理论，使货币理论从历史实践上获得更加坚实的基础。

　　此外，货币史学更重要的意义在于揭示历史真实，辨真伪，明是非，以史为鉴，面对未来。

　　古代各民族、各王朝的盛衰兴替，都有政治、经济、军事、文化等诸多方面的原因。然而，传统的政治精英史对于古代各民族、各王朝的败亡，多归咎于其军事失败或政治失败，很少分析其经济原因。

马克思主义主张：经济基础决定上层建筑。采取马克思主义的科学研究方法，分析古代各民族、各王朝的经济变化，才是找出其败亡原因的最佳途径。

从经济角度研究古代社会是一个比较可靠的视角。记述历史的人，大多难以摆脱其政治立场。因此，史书典籍中记载的帝王将相、社会精英们的政治、军事活动及其言论主张，多有虚假伪造。经历了后世历代王朝基于各种不同政治立场的人们的反复篡改，历史就变得更加扑朔迷离。然而，无论是伪造历史，还是篡改历史，都围绕着政治立场展开，很少在社会经济状况方面蓄意作伪。于是，从经济角度研究古代社会，我们就获得了一个比较可靠的研究视角。

无论在中国古代，还是在外国古代，货币是社会经济中枢纽带。货币发展对社会变化发挥着重要的影响作用。所以，研究外国货币史是拨开世界古代各国、各王朝盛衰兴替迷雾的"钥匙"。

然而，迄今为止，我国对世界各国货币史知之甚少，有关资料、书籍十分匮乏。为此，国民信托博士后工作站与华南理工大学货币法制史研究中心联手合作，针对世界各国货币史进行研究。在此基础上，我们邀请了一批国内金融学、法学、史学和外国语的专家学者，经过认真广泛的调查收集，筛选了一批外国货币史著作，翻译成中文，介绍给国内读者。

我们相信，这套《外国货币史译丛》的出版，对于我国货币理论研究，以及我国关于世界各国历史、政治、经济和文化的研究，具有一定的参考价值。

2017 年 4 月 16 日

谨以此书

纪念

瓦伦丁先生（W. H. Valentine）

致　　谢

　　本书旁征博引，材料翔实。我们参考了与学者之间的交流与通信，这些学者大都是收藏家；仔细研读了钱币学相关的研究报告；还特别关注了一些珍贵的钱币样本，尤其是在最近精心组织的多场拍卖会上展出的样本，或是售品目录上所列的样本。对于各方所给予的书面形式或任何其他非书面形式的帮助，谨在此向各位表达我们衷心的感谢，我们需要感谢的名单如下：

　　阿布加利安斯博士；阿尔巴姆先生；美国钱币协会（特别感谢贝茨博士）；鲍德温父子有限公司（特别感谢已故的阿尔伯特·鲍德温，本多尔及柯蒂斯）；劳伊银行；巴伯艺术学院；伯明翰大学（特别感谢布莱尔教授，哈姆帕图米安先生及泰勒先生）；比韦博士；布尔吉；大英博物馆（特别感谢罗维克先生及沃克博士）；克雷格·布鲁斯博士；佳士得拍卖行；瑞士信贷集团；埃尔森；高博教授；格鲁佛教授；哈米迪先生；海先生；赫尔曼博士；兰兹·纽米斯麦提克；已故的卢科宁博士；马丁先生；米勒先生；米奇奈尔博士；莫奇瑞博士；芒罗·沃克先生；《硬币和勋章》；芒兹有限公司；钱币艺术有限公司；东方钱币协会（特别感谢布鲁姆先生）；西蒙博士；吉拜有限公司（特别感谢已故的科尔斯，科斯鲁布斯基，普罗塔索维奇，西尔先生及茅同先生）；西尼尔先生；斯宾克父子有限公司(特别感谢已故的霍华德·李尼尔，穆勒先生，穆雷先生，派特先生及萨维勒先生）；弗兰克·斯坦伯格；泰勒·史密斯女士；伊塔洛和保罗·维奇公司。

任何拜读过萨珊王朝系列书籍的学生应该都知道这本书在很大程度上参考了高博教授和莫奇瑞博士的研究成果，以及雅尔·夏特教授所编纂的《剑桥伊朗史》卷三。

特此申明，本书中如有任何错误，与上述各位无关，由作者全权负责。

前　言
W. H. V
1856—1927 年

　　1921 年，在总结了前人劳动成果的基础上，瓦伦丁创作出了英文版的《萨珊王朝的钱币》，这也是此系列书籍的第一部。此后，这一系列的书籍也为更多人所熟知。本书文风简单自然、别具一格。在确保良好阅读体验的同时，为入门读者提供了所有需要的信息。

　　瓦伦丁是车身制造专业出身，他自称是伦敦北方城市电车有限公司里有着 35 年工龄的木匠，但是从小就对钱币颇有兴趣。不知怎的，但凡是他感兴趣的事情，他都做到了。他尤其精通阿拉伯语和萨珊语；在莱顿斯通他建造了自己的房子，屋内还配有一架风琴；之后他安身立命，成家立业。他收集钱币并加以仔细研究，以观历史脉络。后来有报道称，他曾说过："最有趣的事情莫过于收集钱币了，这些金属钱币都带着历史的印记……这些钱币见证了人类的发展历程。"

　　瓦伦丁在大英博物馆工作的朋友曾建议他将自己的研究心得和研究成果著书立说，随后他还曾代表位于加尔各答的印度博物馆编纂相关书目和展品目录，并因此被授予了一枚印度钱币协会奖章。他曾是皇家钱币协会的会员，同时，作为意大利君主协会的一名成员，他也颇感自豪。他的讣告刊登在《钱币纪事》中，其中对他的评价是"钱币收藏家们应向瓦伦丁致谢，他默默无闻，精耕细作，为钱币研究这一领域做出了巨大的贡献"。

《萨珊王朝的钱币》是瓦伦丁出版的四部书籍中唯一一部没有再版的书籍。他的四部书籍皆由斯宾克父子有限公司发行，以瓦伦丁本人工整的铜版印刷手稿图片为原型。这类以原版手稿为摹本的书籍由巴黎的乐德利制造，1911年出版的瓦伦丁的著作《穆斯林国家的现代铜币》（1969年再版）就是按照这种版式印刷的书籍，在当时显得别具特色，不入俗套。随后《印度铜币》第一部和第二部分别于1914年和1920年出版（于1971年再版时合二为一），《萨珊王朝的钱币》则出版于1921年。

在定稿前，如果还需要加以改动或添加新的内容，无论需要修改的部分本身的篇幅有多长，瓦伦丁通常都会重写那一部分。这也是为什么他的著作通常会有数页未出版的草稿留存下来的原因，还会有一些有待完成的他自己并不是十分满意的手稿。例如，《东印度群岛和马来半岛的锡币和铜币》和《1905年莱顿斯通随笔》。然而，目前仍未发现《萨珊王朝的钱币》的手稿及草稿。

常年的潜心写作引发手疾，因为慢性神经炎——也就是在打字机广泛使用之前，人们常说的"作家职业病"，瓦伦丁不得不放弃《印度铜币》第三部和第四部的写作。也正是因此，瓦伦丁放弃了学习东方语言（中文就是其中之一）和出版书籍的打算，转而从事与钱币、书籍和古董相关的工作。他穷极一生致力于他所感兴趣的事业，从而收集了大量的钱币和相关书籍，还曾一度出售他的收藏品。1917年，他从一名优秀的学生摇身一变成为了一名同样优秀的商人，并且发行了出售物品清单，其中就包括了位于伦敦上肯宁顿巷60号公寓里的全部藏品，以及当时搬入的新家中的全部藏品。

瓦伦丁曾表示，收集《萨珊王朝的钱币》的相关信息实属不易，30年后，即便是在已经开始潜心研究并且成果颇丰的前提下，罗伯特·高博教授仍然表示萨珊王朝的钱币是"最难研究的东方货币之一"。鉴于瓦伦丁所处时代的种种限制，他只能参考加农·洛林森于1876年发表的《第七大东方君主》，帕鲁克所著的同名著作《萨珊王朝的钱币》（于1976年再版），该书内容全面而且翔实，于1924年在印度孟买出版。因此在当时，对于石雕、铭文、印章、钱币和建筑物的研究可谓是任重而道远。而后的帕提亚帝国系列书籍则具有一定的启发性。罗伯特·高博（他于1968年发表的《萨珊王朝的钱币》在1971年被翻译成英语并出版发行）、迈克尔·米奇奈尔、理查德·弗莱伊及马雷克·莫奇瑞做了许多有关萨珊王朝钱币的研究。此外，还有许多关于发掘于中国的萨珊王朝钱币的相关研究报告可供参考。

瓦伦丁著作中曾经涵盖的"阿拉伯·萨珊王朝钱币论述"这一章节被他删去了，因为约翰·沃克博士在大英博物馆馆藏书籍《穆斯林钱币名录》（1941年）第二卷中就已对此做出了详细说明，而这一说明对于这一主题的研究也有着重大的意义。因此，这一章节的内容转而用于科普阿拉伯—萨珊王朝这一历史时期，这样一来，学生们在有了相关背景知识的前提下，对于探究阿拉伯—萨珊王朝这一时代会更加自信。而瓦伦丁可以在短短120页的书籍中同时涵盖这两个章节，即便是对于当代的作家而言，仍旧是令人称奇，这也进一步证明了他的决心与过人的天赋。

本书虽然是受瓦伦丁于1921年所发表的著作启发而著，但实际内容却完全不同于该著作，只不过出版社仍旧为斯宾克斯公司。二者最大的不同还在于，作者虽然都认为萨珊王朝的文化习俗与罗马相类似，但对其总体认知思路却全然不同。萨珊王朝有着自己华丽的传统银器、珠宝、织物、建筑物和纪念雕塑。例如，在泰西封和纳克什·伊·如斯塔木随处可见的那些。

现在着手研究萨珊王朝钱币就不像60年前那么困难了。然而，目前可能仍缺一本比高博教授的分析法著作更为详尽，但比米奇奈尔博士关于东方钱币的百科全书《古代经典世界，公元前600年—公元650年》更为精简的作品。瓦伦丁原著的一大优势在于它是一本绝佳的参考用书，而我们则是要在尽可能保留这一优势的前提下，至少添加一些最新的研究成果。我们也希望借此机会提醒如今的钱币学家们时刻谨记瓦伦丁的高超写作技术与研究成果，以及他为此做出的巨大贡献。

22 Ob. Bust of Hormazd to r. wearing a crown in the form of an eagle with a pearl dropping from its beak, and surmounted with a ball. He is also wearing a pearl drop in the ear and a necklace with a clasp in front. The legend is in full but the letters are somewhat ill formed; —

本图选自《萨珊王朝的钱币》，瓦伦丁著

目　录

伊朗视角下的萨珊王朝

如今的伊朗地广人稀，这里也是曾经的波斯。而波斯古国的疆土范围则更为广阔，东至印度河，西至爱琴海，北至黑海—里海—咸海沿线，南以俾路支—波斯湾—巴勒斯坦—埃及为界。

阿契美尼德王朝
（公元前 550 年—公元前 333 年）

阿契美尼德王朝是以其缔造者居鲁士大帝的祖先命名的。虽然发源于波斯，即伊朗西部的荒芜山区，王朝的中心却位于美索不达米亚的沃土之上，还有发达的道路交通系统沟通着各地的往来。西方人对于阿契美尼德王朝知之甚少，只知道公元前 5 世纪早期，薛西斯在马拉松、萨拉米和普拉蒂亚战败于希腊。一个半世纪之后，大流士三世在格拉尼卡斯、奥苏斯和阿贝拉被亚历山大大帝击败。事实上，从公元前 400 年起，家族冲突以及小亚细亚和埃及辖地的叛乱就已使得该王朝一步步走向衰败。

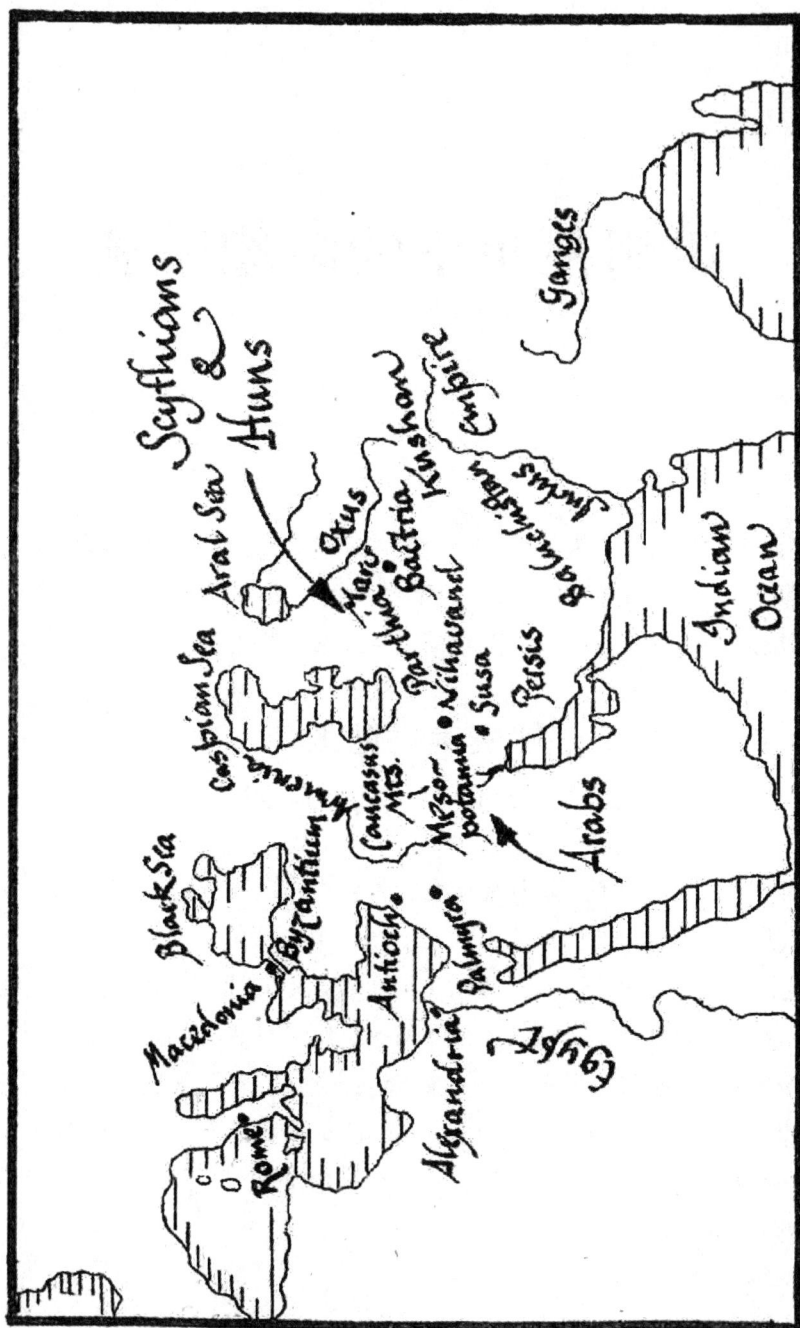

上页地图中文字对照表如下（译者注）：

地名	英文
罗马	Rome
亚历山大港	Alexandria
埃及	Egypt
马其顿	Macedonia
安条克城	Antioch
帕尔米拉	Palmyra
黑海	Black Sea
拜占庭	Byzantium
亚美尼亚	Armenia
高加索山脉	Caucasus Mts.
美索不达米亚	Mesopotamia
阿拉伯人	Arabs
里海	Caspian Sea
帕提亚	Parthia
尼哈瓦奈尔	Nihavanel
苏萨	Susa
波西斯	Persis
咸海	Aral Sea
奥克苏斯河	Oxus
马弗	Maru
巴克特里亚	Bactria
俾路支	Baluclustan
尤路思	Jurlus
印度洋	Indian Ocean
塞西亚人 & 匈奴人	Scythians & Huns
贵霜王朝	Kushan Empire
恒河	Ganges

塞琉西王朝
（公元前 323 年—公元前 238 年）

亚历山大在其军队的逼迫下，不得不在横渡印度河后撤退。他在巴比伦迎娶了大流士三世的女儿。他一直坚持奉行自己的政策，将管理大权交由经验丰富的波斯人掌管。公元前 323 年，在亚历山大去世之后，他手下的将军们便打响了继位战。托勒密在埃及称王，塞琉古则以巴比伦为中心，占据了亚历山大东部的大部分领地。塞琉西王朝的继任统治者将首都迁至叙利亚的安条克，但基本还是延续了一部分希腊化的特征。其外交和商业官方用语仍为希腊语，不少当地人对此表示支持。马其顿人却对此颇感失望，并萌生不满情绪，他们认为自己国家早期所做出的巨大贡献没有得到足够的重视。约公元前 250 年，位于东北一隅的巴克特里亚宣布独立，紧接着便是西边的辖地帕提亚。安条克三世等几位塞琉西王子曾巩固了对其辖地的统治，但总的来说，塞琉西王朝的统治者在公元前 238 年后还是丧失了对伊朗的统治权，因为一位名叫阿萨西斯的无名首领在那一年从马其顿总督手中夺取了帕提亚的统治权。而塞琉西王朝的统治者最终于公元前 1 世纪臣服于叙利亚的罗马人。

阿萨西斯王朝
（公元前 238 年—公元 226 年）

阿萨西斯王朝以其奠基者命名，这既彰显了伊朗北方游牧部落对南方部落的胜利，也代表了美索不达米亚古老文明的胜利。塞琉西王朝与位于爱琴海地区日渐强大的罗马之间的往来也为阿萨西斯王朝的繁荣进步做出了贡献。公元前 148 年，马其顿沦为罗马帝国的一个行省。米特拉达梯一世和米特拉达梯二世在位期间，帕提亚经历了史上最大规模的版图扩张。米特拉达梯一世于公元前 138 年去世，他的侄子米特拉达梯二世击退了罗马和中亚地区塞西亚的新一轮入侵。米特拉达梯二世于公元前88年去世。帕提亚的国防主力是封建军队，不时会对在位君主构成威胁，但这也体现了阿萨西斯统治者的领袖权威，因为只有其子孙后代才有权继承王位。

米特拉达梯二世之后的帕提亚统治者再也没有给美索不达米亚平原上古老的伊朗辖地，以及新兴的希腊城镇带来安定与团结。宫廷之上，希腊文化始终占据主导地位；钱币上铭文的希腊文字既代表着古老的理念——象征统治者为"众王之王"的绝对权威，也包含了新兴的概念，例如"希腊文化爱好者"，或是强调神圣的血统。同样地，那一时期所铸造的银币也都沿用了阿提卡地区4克的重量标准。另外，阿萨西斯人成功地阻止了罗马人激进的攻势，分别于公元前53年击退了克拉苏，并于公元218年打败了马克里努斯。战场通常位于帕尔米拉和亚美尼亚之间，亚美尼亚常年处于两股势力的统治之下，因此其边境时而为幼发拉底河，时而为底格里斯河。罗马和帕提亚都曾时不时遭到游牧部落的突袭，这些部落自高加索山脉或库尔干一路直奔里海东南方。有时，罗马人和帕提亚人会在此联合抗敌，但阿萨西斯的封建王朝本质往往使得合作以失败告终。

萨珊王朝
（公元226—642年）

萨珊王朝同样是以其奠基人的祖先命名的。萨珊是位于波斯什塔克尔城的女神阿娜黑塔神庙的祭司，他是萨珊国王巴巴克的祖先，而巴巴克是阿尔达希尔的父王。阿尔达希尔曾是当地骑士的统领。公元224年，他举兵在奥尔米兹达干大败阿萨西斯最后一任君主，并于公元226年在位于美索不达米亚的帕提亚帝国首都泰西封被奉为"众王之王"。由此，伊朗南部血洗前耻。阿尔达希尔还恢复了琐罗亚斯德教的地位，并保留了这一古老宗教在阿契美尼德王朝时期最原始的宗教形式。根据相关的肖像研究结果，可以得知统治家族的标志和具有伊朗民族特性的符号。我们不仅可以通过研究货币来阐释这些符号的象征意义，还可以对众多岩石雕刻纪念碑加以研究——这种类型的纪念碑在伊朗最为常见——上面雕刻的文字通常是希腊语、帕提亚语和萨珊语，这种纪念碑在纳克什—伊—如斯塔木尤为普遍。

随着君士坦丁皈依基督教，并将首都位于拜占庭的新罗马帝国的边界设为安条克至东南角黑海一线，萨珊王朝与罗马之间的争斗日趋激烈。即便如此，双方仍会联合起来阻止来自草原的游牧民的入侵。库思老二世在位期间，萨珊王朝向罗马发起了最后一轮猛攻。虽然萨珊王朝旗开得胜，但最终还是于公元 628 年被拜占庭帝国的皇帝赫勒克留打败。双方也因此元气大伤，堪比抗击阿拉伯伊斯兰侵略者之时的状况。公元 651 年，伊嗣侯三世在马弗遭到谋杀身亡，这也标志着萨珊王朝的衰亡。这一时期的文化发展虽然就此告一段落，但也是硕果累累，不仅有岩石雕塑，即吉本笔下的"粗糙而又昂贵的纪念碑"，还有留存下来的银器、珠宝、织物及建筑。

阿拉伯人的征服

这一时期通常可以追溯到公元 624 年的尼哈万德之战——"万胜之胜"。然而，阿拉伯人要延续城镇化的行政管理模式，需要雇佣公务人员，这些人以波斯语为母语，并且奉行波斯的历法。在公元 661 — 750 年的倭马亚王朝时期，叙利亚的大马士革最终被确立为阿拉伯的首都。阿拉伯人也曾继续发行萨珊王朝时期的薄片银币。直至公元 7 世纪末期，通过阿贝尔·马利克全面的货币改革，标准的伊斯兰德迪姆才正式开始发行。直至公元 9 世纪，仍有地方铸造阿拉伯样式的萨珊钱币，主要集中在里海南岸的塔巴里斯坦，这仅仅还只是弗莱伊所谓的"波斯征服伊斯兰"的其中一个例子。

萨珊王朝宗谱图

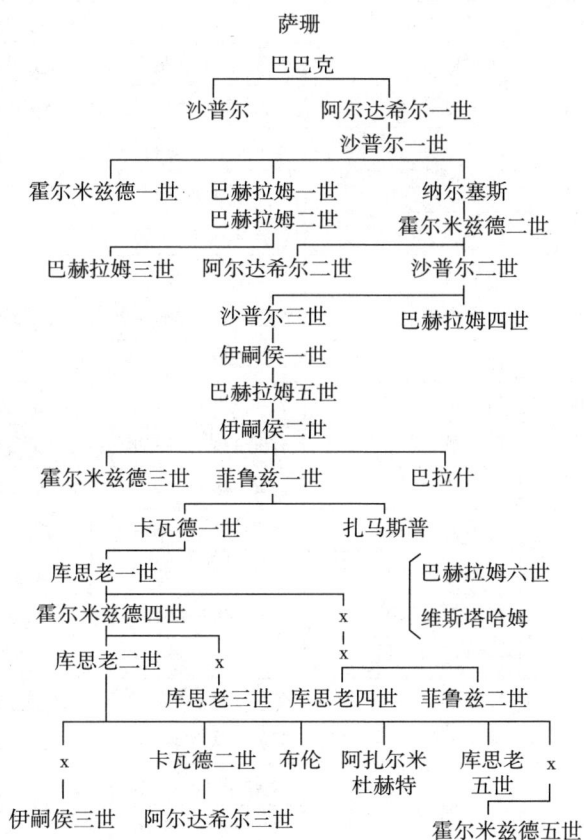

萨珊

巴巴克

沙普尔　　　　　阿尔达希尔一世

沙普尔一世

霍尔米兹德一世　　巴赫拉姆一世　　　　纳尔塞斯

巴赫拉姆二世　　　　霍尔米兹德二世

巴赫拉姆三世　　阿尔达希尔二世　　　沙普尔二世

沙普尔三世　　　　　巴赫拉姆四世

伊嗣侯一世

巴赫拉姆五世

伊嗣侯二世

霍尔米兹德三世　　菲鲁兹一世　　　　巴拉什

卡瓦德一世　　　　扎马斯普

库思老一世　　　　　　　　　巴赫拉姆六世

霍尔米兹德四世　　　　　　　维斯塔哈姆

库思老二世　　　　x

库思老三世　　库思老四世　菲鲁兹二世

x　　　　卡瓦德二世　布伦　阿扎尔米　库思老　x
　　　　　　　　　　　　　　杜赫特　五世

伊嗣侯三世　阿尔达希尔三世　　　　　　　霍尔米兹德五世

国王列表

阿尔达希尔一世	阿尔特克什特尔	公元 224 —240 年	
沙普尔一世	什普里	公元 240 —270 年	
霍尔米兹德一世	奥尔姆兹迪	公元 270 —271 年	
巴赫拉姆一世	佛尔兰	公元 271 —274 年	
巴赫拉姆二世	佛尔兰	公元 274 —293 年	
巴赫拉姆三世	佛尔兰	公元 293 年	
纳尔塞斯	纳尔什	公元 293 —302 年	
霍尔米兹德二世	奥尔姆兹迪	公元 302 —309 年	
沙尔尔二世	什普里	公元 309 —379 年	
阿尔达希尔二世	阿尔特克什特尔	公元 379 —383 年	
沙普尔三世	什普里	公元 383 —388 年	
巴赫拉姆四世	佛尔兰	公元 388 —399 年	
伊嗣侯一世	伊斯特克尔提	公元 399 —420 年	
巴赫拉姆五世	佛尔兰	公元 420 —438 年	
伊嗣侯二世	伊斯特克尔提	公元 438 —457 年	
霍尔米兹德三世		公元 457 —459 年	
菲鲁兹一世	菲鲁齐	公元 459 —484 年	
巴拉什	佛尔卡什	公元 484 —488 年	
卡瓦德一世	克瓦特	公元 488 —496 年	
		公元 498 —531 年	

扎马斯普	扎姆	公元 496—498 年	
库思老一世	胡斯瑞	公元 531—579 年	
霍尔米兹德四世	奥尔姆兹迪	公元 579—590 年	
库思老二世	胡斯瑞	公元 590—628 年	
巴赫拉姆六世	佛尔兰	公元 590—591 年	
维斯塔哈姆	维斯特姆	公元 590—596 年	
卡瓦德二世	科瓦提	公元 628 年	
阿尔达希尔三世	阿尔达希尔	公元 628—629 年	
布伦	布拉尼	公元 630—631 年	
阿扎尔米杜赫特	阿兹尔米迪提	?	
霍尔米兹德五世	奥尔姆兹迪	公元 631—632 年	
库思老五世	胡斯瑞	公元 631—633 年	
伊嗣侯三世	伊斯特克尔提	公元 632—651 年	

9

钱币面值

　　萨珊王朝的钱币分为金币、银币、镀银材料钱币（或称银合金），以及红铜或青铜钱币。

　　承袭了波斯先祖的传统，银币的主要计量单位为德拉克马，其自重约为 4 克，含银纯度较高。阿尔达希尔一世时期的银币直径为 24 毫米，而后期的统治者在铸造钱币的时候还曾下令将其直径增加到 30 毫米，在后来有些朝代甚至为 34 毫米。这些都是历史上最早出现的薄坯钱币。还有一些其他面额的银币，包括半德拉克马或三奥波，以及奥波，即六分之一德拉克马，后者主要为加冕礼上的慷慨赠予物，纪念意义大于实际。但是，近期市场上出现的大量此类钱币，也证实了它们曾经也是通用货币的一部分。自巴赫拉姆二世之后，银合金质的四德拉克马则被弃用，它的样式和材质与后期的波斯钱币相似。

　　萨珊王朝承袭了阿契美尼德王朝铸造金质第纳尔的传统，这些金币十分稀少，仅在部分地区流通。开始时一枚金币的重量约为 7 克，与萨珊时期罗马邻国的金质钱币奥里斯相同。随后，罗马帝国发行了新面额的金币，即苏勒德斯，萨珊王朝随之效仿，发行了一种自重为 4.5 克的第纳尔钱币。其他各种不同面额的第纳尔是否为流通钱币中的一部分还不得而知。鉴于许多统治者并未下令铸造过此类钱币，而大多数现存的样本都保存得极其完好，那么这些钱币很有可能是作仪式之用，但是这些也仅仅是猜测而已。这些钱币的风格和工艺通常可与最上等的德拉克马相媲美。沙普尔二世在位期间所发行的第纳尔最为常见，其特征之一就在于钱币正面的工艺反而不如钱币反面铸造得精良。菲鲁兹时期的第纳尔之所以做工粗糙，是因为当时急需一大笔赎金来解救这位运气欠佳的王子殿下。

萨珊王朝的铜币种类稀少，可以分为两大类。第一类是阿尔达希尔一世和他的继任者所发行的铜币，这类铜币体积较大，外表美观，可以与敌国罗马的"希腊皇室"青铜币相媲美。一枚铜币大致相当于八枚夏尔寇斯币，价值等同于一枚奥波。特别值得注意的是，印有阿尔达希尔一世头戴城墙冠样式的钱币。后来发行的版本正面还印有他的儿子沙普尔一世的肖像，由此也强化了新王承袭王位成为最高统治者的象征意义。第二类是体积较小的一种铜币，大约与一枚或两枚夏尔寇斯币等值。继沙普尔二世之后，鲜有君主发行此类货币。即便是后来曾有再次出现的证据，也大都是作仪式之用。有大量证据显示，波斯青铜币在几世纪以后仍在继续流通。尽管此类铜币体积偏小，而其保存完整流传下来的数量很少，在市面上鲜有所见，也鲜有在市场上流通，历史仍应该铭记它们的存在。

萨珊王朝的金银兑换率我们今天不得而知。此外，我们只知道早期一枚第纳尔的自重大约为 7 克，一枚德拉克马为 4 克。但是这两种不同材质的钱币之间很可能存在一种单一的兑换率，并且很有可能借鉴了传统的伊朗金银兑换率"当"（*dāng*），或者说六分之一的比率。

假设 1 第纳尔相当于 24 德拉克马，那么 1/6 第纳尔，也就是"当"，就相当于 4 德拉克马，这里只是适当地做了一下除法运算。按这样计算，金银的兑换率应为：

$$\frac{24 \text{ 德拉克马}}{1 \text{ 第纳尔}} = \frac{24 \times 4 \text{ 克}}{7 \text{ 克}} = \frac{13.7}{1}$$

这样一来，则较为接近古代的兑换率 $13\frac{1}{3} : 1$。

不同面额钱币的标准重量如下：

8 夏尔寇斯青铜币 ~ 14 克

德拉克马银币 ~ 4 克

四德拉克马银合金币 ~ 14 克

第纳尔金币（早期） ~ 7 克

　　　　　　（后期） ~ 4.5 克

三种不同材质钱币的兑换率：

青铜	银	金
1 夏尔寇斯币		
2 夏尔寇斯币		
8 夏尔寇斯币 ＝ 1 奥波		
	3 奥波	
	（半德拉克马）	
	1 德拉克马	
	4 德拉克马 ＝ 1/6 第纳尔	
	（比隆）	
		第纳尔
		2 第纳尔

注：我们参考了海德的著作《钱币编年史》第二版第391页，这里统一写作"夏尔寇斯币"（而不是"夏尔寇币"）。

铸币技术

同时代帕提亚发行的钱币小而厚，而波斯的银币却都是薄片金属。之所以存在这样的差异，可能是因为波斯帝国的银矿资源稀缺，因此需要从他处购买铸币用的金属。很明显，用帕提亚德拉克马作坯子，将其铸成标准重量的钱币要方便得多。然后再将其锻造成薄片，这样一来其本身的图案也就随之消除了，之后再用当地的冲模铭文铸成新的钱币图样即可。

萨珊王朝的统治者延续了这一传统，给予铸币艺术家充分的施展空间，借用他们高超的匠人手艺向大众宣扬君主至高无上的权威。但是浮雕部分不能太突出，倘若钱币两面都有浮雕，例如，一面雕刻有国王的肩膀，另一面有圣坛随侍，就会产生"废弃"区域。这样一来，金属坯子会对模子产生超高压力，而使其无法与凹陷的冲压面熔合，从而使得钱币两面的浮雕都无法清晰地呈现出来。

除了钱币上一些微小细节之处，例如球状物，冲模一般是铭文出来的，而非冲压而成，并且制作工艺要求甚高。据说为此需要专门聘请希腊的铸币专家，但钱币的制造工艺都带有伊朗的特色。因此，我们有理由相信萨珊人自己足以应对工艺技术上的挑战。的确，萨珊民族有着强烈的民族主义特征，因此他们很可能更倾向于雇佣本国的铸币艺术家，而不是向外寻求帮助。在王朝末期，随着库思老一世税制改革的推行，国家日趋昌盛，对于货币的需求量也达到了顶峰，致使一些外行人员也加入了铸币的行业。即便如此，一些冲模技术也精致得令人折服。

帕提亚人曾试图使钱币正反面的冲模相匹配，从而令中轴线与现代货币相一致。但是由于上模与下模并不相连，即便是用钳子或手将其接合，中轴线实际上仍存在±20°的错位。萨珊人也曾采用过同样的方法，但他们的目的是令中轴线呈现出90°的夹角。这样做的一个缺陷就在于"废弃"点通常出现在钱币的铸造日期或铸造者铭文的位置上。通常情况下，两边冲模的同轴度与坯子较为契合。

改变或重新切割冲模的做法较为常见。击打造成的压力不能使冲模均匀"分布"，但若有需要改进的地方，那么就只能通过剔除冲模金属的方式实现，因为再添加其他物质较为困难。因此，在后续的铸造工序中，加以改进的部分会加宽、加深。

这些"改进"可以增强冲模的耐用性，一个正面冲模也能用来制作出30000枚钱币。至少采用当时的冷压技术，可以制作出数量如此多的欧洲中世纪时期的薄片钱币。虽然我们仍然无法确认萨珊王朝时期采用的是冷压还是热压技术，但是无论采取何种方式，经受锤子反复敲打的上模都是极易磨损的。

文　字

　　萨珊文字发源于阿拉姆语，只有辅音字母和长元音字母。和现代阿拉伯语一样，都是从右至左阅读。字符数很少，并且有些字符过于相似，几乎难以区分，尤其是在不同时期文本中的用法大不相同。要将这些字符铭文在钱币那一小块冲模区域，对工匠来说就更困难了，因为他们中有的人不识字，有的是不懂本地语言的外邦人。因此，钱币上的字符大都是缩写形式，或是有所省略的。此外，我们发现东方倾向于采用刺绣的方式记录铭文，因为这样会使铭文看上去很美观，这一点从钱币和建筑物上的古阿拉伯字母上足以见得。

　　因此，无论是试图破译，还是将钱币上铭文的文字合理地以现代文的形式呈现，都绝非易事。由此才有了一套广为接受的音译法。这套译法虽然清楚，但处理起来也很麻烦，因此人们更倾向于将这些字符转而写成以现代英文发音为基础的形式来加以破译。例如，萨珊语中"一"曾指统治元年，钱币上通常音译为 ⌣₃⌐ₗₗₗ，可以改写为"'ywky"，本书中我们将其改写为"ayoki"。相同地，还有一个词语和"萨珊"为同根词，在某些钱币背面写作 ⌐ ⌐ ⌐ ⌐ ⌐，可音译为"'yl'n"，我们将其改写为"Airan"。

　　钱币的正面通常刻有王族的名字，除了九个萨珊系列丛书中常出现

15

的名字外，还有半打其他的名字。除此之外，还通常刻有一些重复的头衔或短语。起初，背面会刻上君主称谓，后期通常会刻上统治元年和铸币人名的缩写形式。

在下列表中，我们列出了巴列维语字母的不同改写形式和现代通用的音译形式，这里容易混淆的字母有：

d 和 k

a, s 和 sh

g, o (u 和 v), z 和 i

改写形式相同的字母有：

l 和 r

o, u 和 v

f 和 p

巴列维语字母表

改写	音译	形式	
		早期	后期

铭文词汇表

	AFID	称赞
	AFZUN	繁荣
	AFZUT	愿他增长
	AIRAN	伊朗
	ANIRAN	非伊朗
	ATUR	火
	BAGI	神学
	HUKUD	幸运的
	KADI	幸运的
	MALKA	国王
	MALKAN	国王的
	MAZDISN	拜火教信徒
	MINUChETRI	精神本原的
	NAVAKI	崇拜者
	NURA	火
	PIRUCH } PIRUCHI }	胜利的
	RAMShATRI	安居乐业的国家的
	RAST	仅仅
	VA	和
	YAZDAN	圣人
	ZI	谁

注：王族姓名参见"萨珊王朝宗谱图"。

宗教象征主义

　　现代的世俗社会对于早期宗教文化比较难以理解，尤其是一些比较特殊的地点。萨珊王朝时期的伊朗国教为拜火教，这显然对于钱币的肖像学研究有着极为重要的影响。钱币背面常刻有火祭坛图形，形象几乎是拟人化的，这些拟人化的形象不仅仅只接受供奉，还担负有哺育其子民保佑平安的责任。每位统治者自其即位或加冕礼时起都会点燃自己的专属火焰，并且火焰会一直燃烧至其驾崩之日，所以从某种意义上讲，可以说德拉克马的正反面皆有皇家标识。确实有一些圣坛上的火苗烧得很旺，这样的火把图形也是为了借此强调其主人身份地位的显赫程度。

　　阿尔达希尔一世发行的钱币上都刻有底座上带有狮爪的火祭坛，这些狮爪的样式与波斯波利斯城王座上的浮雕如出一辙。随着宗教和世俗的进一步融合，后来发行的钱币上所铭文的火祭坛两侧各有一位侍从。侍从的身份包括君主本身、王储、光明之神密特拉，或者女神阿娜黑塔这样的形象。同样，为了表达对国王的忠诚，可以选择以其穿戴象征神威的帝王服饰形象为蓝本进行铭文——例如，沙普尔三世的头饰与女神阿娜黑塔的相仿，这种类似的头饰图案也象征宗教的权威。我们通常可以在钱币背面或火祭坛神柱上找到传统王冠的象征符号 ⅄，从阿萨西

斯王朝标志 ⚥ 衍生而来的标志 ⚲，或者 ⚥，先祖，还常刻有星星、新月、万字符之类的图标，这些象形的标志都是为了祈求神明保佑阿尔达希尔和他的后代。

后来发行的钱币上还有两个甚至三个相同的圆圈点缀在主图标的周围，还有四颗星星排列在新月图标圆周的方位基点上。据高博教授称，一方面，这些装饰物具有宇宙哲学含义；另一方面，它还象征着统治四方的含义。然而，弗莱伊教授的提法也值得思考，他并不认为一切关于东方王子的形象描绘都具有特定的肖像学或图形学上的意义。

毫无疑问，从一定程度上讲，神职人员在塑造皇室成员虔诚的形象上起到了重要的作用。事实上，神职人员与世俗贵族之间来往密切，有着千丝万缕的关联。沙普尔一世和卡瓦德一世在位期间，曾对摩尼教或马兹达教这样的异端邪说宗教形式表达过自己的兴趣，或者公开支持过。神职人员也会和贵族共商对策，目的是让继位的王子皈依正教，或者说替换掉惹人非议的君主，以达到消灭异端学说的目的。无论如何，钱币上都绝对不会出现离经叛道的元素和其代表的图符。

历　法

　　塞琉西王朝统治者创立了一套属于自己民族的历法体系。这套历法起始自公元前 312 年，从塞琉西一世占领巴比伦的日期开起计算。随后，帕提亚人也采用了这套历法。然而，可能是民族主义自尊心在作崇，萨珊人转而采用阿契美尼德历法体系，以现任国王的即位年份为元年。除了那些官员，也就是萨珊宫廷之上的特权阶层之外，其他人都认为这套历法其实不够实用。

　　实际上，按天文历法计算，波斯新年在春季，但日期却不是固定不变的。这也为历法的计算提供了依据。因此，无论新君即位之日与新年之日间隔多短，这段期间都被算作是统治元年。理论上讲，如果有一位王子在新年的前一天即位，并于下一年去世，那么即便他的统治时期仅仅持续了一年零两天，也被计作三年。此外，由于当时通讯不发达，即便是有国王退位了，一些边远地区可能也要过些时日才能收到消息。再加上在内乱时期，总会有那么几个觊觎王位之徒分别统治不同的辖地，都有自己的官方档案。因此，仅仅通过将君王的统治期相加来估计王朝的存续时期是不可能的。

　　只有萨珊王朝后期的统治者们开始在钱币上铭文了发行货币的年份，年份通常刻在钱币背面偏左的位置，而且一般不用缩写方式。与头衔的书写方式不同，年份的拼写并不统一，字体各异，且经常连笔。在下面这张表上，我们尝试着列出了可能存在的不同变体。例如，虽然16、26、36 和 46 这四个词条存在显著差异，但其中的"6"，或者"shash"前缀实际上都是可以替换的，并且在以上四个词条中都有出现。同样地，字母"T"在 2 和 3 中的两种不同读法均可采纳。

表格栏目从左到右依次表示：

i 在本书中，根据英文发音总结出的可能的读法。

ii 阿拉伯数字。

iii 钱币上对应的文字。

iv 现有国际通行音译。

i	ii	iii	iv
AYOKI	1	ꞏꝫ⼭⼭	ʾywky
TALIN	2	ꞇꝫꞇ	tlyn
TALTA	3	⼝ᴏᴄꞇ	tltʾ
ARBA	4	⼭ᴌᴊᴄ⼭	ʾlbʾ
KhOMASHA	5	⼭ᴌᴏᴄᴄ	ḥwmšʾ
ShATA	6	ᴌⵕᴏᴄᴆ	štʾ
ShABA	7	⼭ᴌᴊ	šbʾ
TOMANA	8	⼭ᴊᴄᴆᴌᴏ	twmnʾ
TIShA	9	⼭⼭ᴌᴏ	tšʾ
AShARA	10	⼭⼭ᴄᴄᴌᴌ	ʾšlʾ
YAJDEH	11	ꝏꝫⵕᴄ	yʾčdḥ
DVAJDEH	12	ꝏꝫⵕᴊᴆ	dwʾčdḥ

SIJDEH	13	~ʒcɔɔ	syčdḥ
CHAHARDEH	14	~ʒʒʒ~c	čḥldḥ
PANJDEH	15	~ʒcɩɔ	pnčdḥ
SHAJDEH	16	~ʒcɯ	š'čdḥ
HAFTDEH	17	~ʒɔɔ~	ḥptdḥ
HASHTDEH	18	~ʒɔ⅄~	ḥštdḥ
NUJDEH	19	~ʒcɩʟ	nwčdḥ
VISTI	20	ɔpcɔʔʔ	wysty
YAJVISTI	21	ncɔcɯ	y'čwysty
DVAJVIST	22	ɔɔɔɔcʔʒ	dwčwysť
SIJVIST	23	ɔɔɔɔcɔɔ	syčwysť
CHAHARVIST	24	ɔɔɔɔc~c	čḥlwysť
PANJVIST	25	ɔɔɔcɩɔ	pnčwysť
SHASHVIST	26	ɔɔɔ⅄ʟ	š'šwysť
HAFTVIST	27	ɔɔɔcɔ~	ḥptwysť
HASHTVIST	28	ɔɔɔcɔ~	ḥštwysť
NUHVISTI	29	~ɔɔɔ~⅄	nwḥwysty
SIH	30	~ɔcɔ	syḥ
YAJSI	31	ɯcɯ	y'čsy
DVAJSI	32	ɔɔɔcʒʒ	dwčsy

SIJSIH	33	⌒⌒ ⌒ ⌒⌒	syčsyḥ
CHAHARSI	34	⌒⌒⌒ ⌒ ⌒⌒	čḥḷsy
PANJSIH	35	⌒⌒⌒⌒⌒	pnčsyḥ
ShAShSIH	36	⌒⌒⌒⌒⌒	ššsyḥ
HAFTSI	37	⌒⌒ ⌒⌒⌒	ḥptsy
HAShTSIH	38	⌒⌒⌒⌒⌒	ḥštsyḥ
NUJSI	39	⌒⌒ ⌒⌒	nwčsy
ChEHELI	40	⌒⌒ ⌒⌒	čḥḷy
YAJChEHEL	41	⌒⌒ ⌒⌒	yʾčḥḷ
DVAJChEHEL	42	⌒⌒ ⌒⌒⌒	dwʾčḥḷ
SIJChEHEL	43	⌒⌒⌒⌒	sčḥḷ
ChAHARChEHEL	44	⌒⌒⌒⌒⌒	čḥḷčḥḷ
PANJChEHEL	45	⌒⌒⌒⌒⌒	pnčḥḷ
ShAShChEHEL	46	⌒⌒⌒⌒⌒	šščḥḷ
HAFTChEHEL	47	⌒⌒⌒⌒⌒	ḥptčḥḷ
HAShTChEHEL	48	⌒⌒⌒⌒⌒	ḥštčḥḷ

注：本书后面章节目录中只列出了钱币铸造发行的年份区间，没有必要收集刻有具体年份的现存样本。实际上，这些钱币上可能本身就没有具体的年份记载。

铸币厂的地点

在萨珊王朝早期发行的钱币上，尤其是伊嗣侯一世统治时期的钱币上，零星刻有铸币地点标识。自菲鲁兹一世以后，发行的钱币上则刻有铸币日期和地点两类信息，通常位于钱币背面的圣坛侍从外侧，日期通常刻在左边，地点则在右边。但是这些地点通常是缩写，难以辨认。此外，当时的城市通常都以那时某一身份地位尊贵的人士命名，而非史书典籍中所记载的正式地理位置。由于铭文模糊，在解读上往往也存在不确定性。

因为上述种种原因，那些研究铸币地点的学者们（包括莫德特曼、摩尔根、帕鲁克、高博、米奇奈尔、比韦、莫奇瑞等）各执己见，无从判断谁对谁错。目前我们能看到的是公认的由先前的学者积累并提出的一份地理标识清单，上面罗列有上百个铸币地点，实际上这份清单也与实际地点有些许差别，而且上面肯定也有错误记录。事实上，大约有30个主要的钱币发行中心（行省或主要城镇），甚至可能还有十几个备用发行中心，以备不时之需。莫奇瑞博士的研究表明，这几十个发行中心的设立与佛尔兰六世的起兵反叛和镇压不无关系。

伊嗣侯三世在位期间，阿拉伯人逐渐侵占了萨珊王朝的大部分领土。外族入侵也是导致许多上述不确定性产生的原因。据此推测，在此期间西部的许多铸币地点其实并没有在伊嗣侯三世直接掌控之下。但是，我们发现在伊嗣侯三世逝世之后的很长一段时间里，入侵者仍继续发行印有他的肖像和头衔的钱币，发行地点位于王朝东部一带地区。所以，在伊嗣侯三世遭遇谋杀之前，西部城市所发行的钱币很可能也是出自入侵者之手。

本章后附地图为萨珊王朝时期的行政区划图，铸币城镇在后页的图上均有标识。并非所有的行省都存在铸币点，行省边界与其省会城市的分界也并不十分清晰。因此，ᠵᠵᠰ᠊ 可能意指赫拉特或者哈勒弗。同样地，印有行省阿帕夏尔面值 ᠵ ᠊ᠣᠯ 的钱币究竟是由尼沙普尔地区 ᠊ᠣᠥᠵᠯ 发行的，还是来自其他地区，也无从得知。

还有一些更具争议性的地方值得进一步探讨。

ᠯᠯ ᠵ ᠷ ᠯᠯ（艾兰），或者其缩写 ᠊ᠣ ᠯᠯ，显然意指这个国家本身，同时也代表流动的铸币点，可能是随军行进的铸币点。鉴于以伊兰·克瓦拉·沙普尔的尊贵名号命名的主要城市苏萨或舒什并没有另外发行主要种类的货币，因此，在此地安排一个流动铸币点也是合乎情理的。

常见的标识 ᠪ ᠯᠯᠯ 可以读作 AUT 或 ANT，但这两种读音代表的词汇都并非是萨珊王朝的行省或主要城镇。据莫奇瑞博士表示，并没有发现将其读作 ART 以代指阿尔达希尔·克瓦拉或戈尔的先例。鉴于 ART 是唯一的一种可能性，所以我们认为这种读法可以接受。

在此后的朝代里，经常出现 ᠊ᠯᠯᠯ 这个名字，其音译为 BBA。该词汇的其中一个含义表示"门"，即指"宫廷"，与后来的土耳其词汇"Sublime Port"同义。然而，最近又出现了一种新的解读，将其读作 BLH，意指一个重要的中心城市巴尔赫，这里并未发行过任何大范围流通的货币。

ᠵᠵ 和 ᠵᠵ 分别表示 GD 和 RD，但有充分的证据显示它们通常被读作 GY 和 RY。因此它们代指的是长盛不衰的中心城镇杰伊和雷伊，分别位于如今的伊斯法罕和德黑兰的郊区地带。

　　缩略词 ∿L 可以读作 NH 或 VH，在伊嗣侯一世统治期间及以后统治者时期，这个标识被改写为 ∿?，更准确的读法为 VH。所以，我们认为它代指萨珊王朝的塞琉西亚——韦·阿尔达希尔。至于 JL, NI, ∿JL, NIH 和 C∿JL，NIHCh 之间究竟是否存在差别，我们也并不确定。前两个大概位于尼哈万德，剩下的几个可能位于尼沙普尔。以上三种造词形式出现的频率相当。莫奇瑞博士将最后一组读作 VSP，还有待商榷。因为 C∿ 的常见形式为 ددם，这里将其读作 SP 略为不妥。

　　ددﻠﻠ (Sh I) 还表示"困难"的含义。由于缺乏佐证，这里我们更倾向于认为其代指西兹，而非希拉兹。西兹为中心地区一重要城镇，并非常用的铸币地点。希拉兹也是主要城镇之一，但是在当时就已经是铸币中心。由于在铭文和语言交流中，Sh 和 S 的读音容易混淆，我们认为缩略词 دد (SI) 和 ددﻠﻠ (Sh I) 都指代的是西兹。

　　最后，∿٢ 通常被读作 ZR，意指扎朗。这是位于萨卡斯坦行省的一个城市，萨卡斯坦在钱币上通常以 3دد 的形式出现。然而，这里我们也可以将其读作 IZ。那么就是代指亚兹德，这也是一个重要的城市，但是并没有设立铸币点。

　　下面是几张地图，分别表示铸币城市和行省所在地，还附有一张表单，上面罗列出了铸币点的标志和其可能代表的含义。

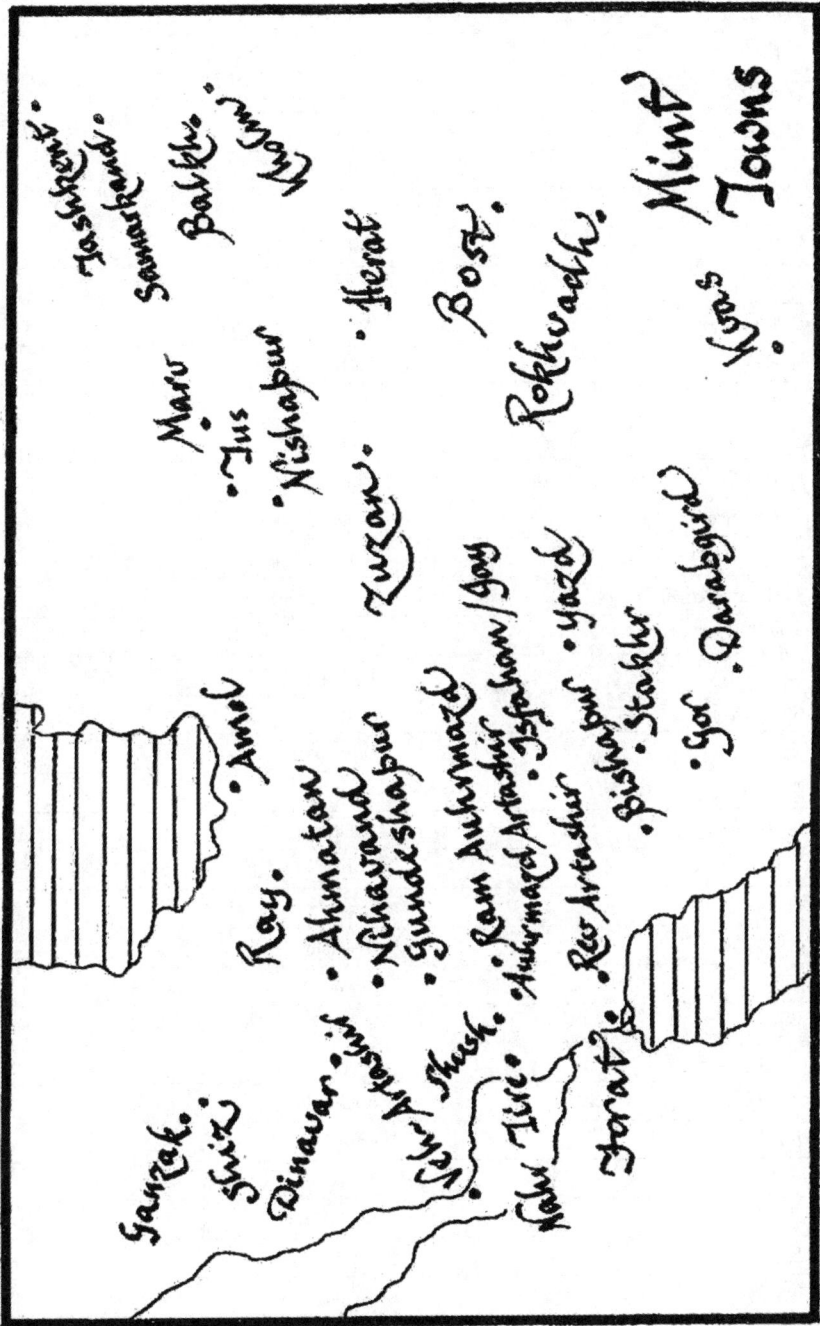

铸币城镇	Mint Towns
甘扎克	Ganzak
西兹	Ghiz
迪纳瓦尔	Dinavar
韦·阿尔达希尔	Veh ~ Artashir
舒什	Shush
纳赫尔	Nahr
泰尔	Tire
奥哈默德·阿尔达希尔	Auhrmazd Artashir
弗莱特	Forat
雷伊	Ray
哈马丹娜	Ahmatan
尼哈万德	Nihavand
贡德沙普尔	Gundeshapour
拉姆·奥哈马德	Ram Auhrmazd
列弗·阿尔达希尔	Rev Artashir
杰斯夫汗/杰伊	Jsfahan/Jay
比沙普尔	Bushapue
斯塔克尔	Stakhr
戈尔	Gor
亚兹德	Yazd
达拉布基尔德	Darabgird
马弗	Marv
图斯	Jus
尼沙普尔	Nishapur
祖赞	Zuzan
赫拉特	Heart
泊斯德	Bost
洛克瓦德	Rokhvadh
卡瓦斯	Kvas
塔什干	Tashkent
撒马尔罕	Samarkand
巴尔赫	Balkh
霍尔姆	Kholm

Provinces

Hind

Turgistan

Kushanshahr

Sagistan

Makuran

Zordan

Marv

Atares

Kirman

Aparshahr

Gurgan

Parish khuvargar

Pars

Parthau

Sigan

Aran

Mah

Mazon

Wirozan

Balasagan

Aduvbadagan

Nodarda

Khuziston

Meshan

Armin

shiragan

Asuristan

Arbayijistan

省	Provinces
西干	Sigan
阿巴伊斯坦	Arbayistan
威罗赞	Wirozan
亚美尼	Armin
亚兰	Aran
巴拉萨甘	Balasagan
阿多巴达干	Adurbadagan
挪达尔塔 – 希尔干	Nodarda ~ shiragan
亚述斯坦	Asuristan
梅善	Meshan
玛宗	Mazon
帕里斯花甘	Parishkhwargar
马赫	Mah
库吉斯坦	Khuzistan
帕提亚	Parthau
帕尔斯	Pars
戈尔甘	Gurgan
阿帕夏尔	Aparshahr
基尔曼	Kinman
马弗	Marv
哈如	Harev
萨基斯坦	Sagistan
帕尔丹	Pardan
马库兰	Makuran
库珊莎沙赫	Kushanshahr
土尔吉斯坦	Turigistaw
辛德	Hind

᳕	AH	}	哈马丹娜
	AHM		—哈马丹
᳕	AI	}	埃兰花拉沙普尔
	AIRAN		—苏萨
᳕	AM		阿莫勒
᳕	AP	}	阿帕夏尔
	APR		
᳕	AR	}	亚美尼
	ARM		—亚美尼亚
᳕	ART		阿尔达希尔·花拉
			—戈尔
᳕	AS	}	阿斯巴塔那
	ASP		—伊斯法罕
᳕	AT		阿多巴达干
			—阿塞拜疆
᳕	AU	}	奥哈默德·阿尔达希尔
	AUH		—阿瓦兹
᳕	BISh		比沙普尔
᳕	BLH	}	巴尔赫
	BHL		
᳕	BST		泊斯德
᳕	ChAChU		沙什
			—塔什干
᳕	DA	}	达拉布基尔德
	DAR		
᳕	DIN		迪纳瓦尔
᳕	GD		杰伊
᳕	GN		贡德沙普尔
᳕	GNChKR		甘扎克

31

GO	戈尔甘	
GOR	}—赫卡尼亚	
HLM	霍尔姆	
HR	}赫拉特	
HRI		
HUCh	库吉斯坦	
HVAS	卡瓦斯	
KR	克尔曼 —卡尔马尼亚	
MA	马赫 —美迪亚	
MI	梅善 —梅塞内尼	
MR	}马弗	
MRVI	—马尔吉亚那	
NAR	纳赫尔·泰尔	
NI	}尼哈万德	
NIH		
NIHCh	尼沙普尔	
PR	弗莱特	
RA	}拉姆·奥哈默德	
RAM		
RD	雷伊 —雷哈吉	
RIU	列弗·阿尔达希尔	
RHV	罗赫瓦德	
SK	萨卡斯坦 —萨基斯坦	
SMR	撒马尔罕	
ST	斯塔克尔 —伊斯塔克尔	

Sh I		西兹
TR TRUKVART }		?
TU TUS }		图斯
YZ		亚兹德
VH		韦·阿尔达希尔 —塞琉西亚
ZU ZUZUN }		祖赞

王冠的演变

　　王冠是象征王权的重要标志之一。每个王冠都毫无例外地有其自身的独特之处。事实上，如果一位王子被暂时废位，他不得不通过另行举办加冕礼或者构想出另外一种不同授冠仪式来强调一种神秘的王权"法尔"回到了他的手中。

　　因此，我们能够很容易根据王冠的特征识别出各种钱币。下面列出了所有王冠的图样以及各自的特点。

1. 阿尔达希尔一世　　2. 阿尔达希尔一世　　3. 阿尔达希尔一世　　4. 阿尔达希尔一世

5. 阿尔达希尔一世　　6. 沙普尔一世　　7. 霍尔米兹德一世　　8. 巴赫拉姆一世

9. 巴赫拉姆二世　　10. 巴赫拉姆三世　　11. 纳尔塞斯　　12. 霍尔米兹德二世

13. 沙普尔二世　　14. 阿尔达希尔二世　　15. 沙普尔三世　　16. 巴赫拉姆四世

17. 伊嗣侯一世　　18. 巴赫拉姆五世　　19. 伊嗣侯二世　　20. 卑路斯一世

21. 菲鲁兹一世　　22. 巴拉什　　23. 卡瓦德一世　　24. 卡瓦德一世

25. 扎马斯普　　26. 库思老一世　　27. 库思老一世　　28. 霍尔米兹德四世

29. 巴赫拉姆六世　　30. 库思老二世　　31. 库思老二世　　32. 库思老二世

33. 库思老二世　　34. 维斯塔哈姆　　35. 卡瓦德二世　　36. 阿尔达希尔三世

37. 阿尔达希尔三世　　38. 布伦　　39. 阿扎尔米杜赫特　　40. 霍尔米兹德五世

41. 库思老五世　　42. 伊嗣侯三世　　43. 伊嗣侯三世

假　币

几乎在钱币出现的同时，假币就已经出现了，利用假币牟利的诱惑让人难以抗拒。在帕提亚①时期，存在着很多私铸的德拉克马②和由表面镀银的便宜金属制成的假币。在帕提亚帝国的末期，甚至还有政府官方卷入了假币生产丑闻，出现了利用大批量生产的方式贬值四德拉克马③银币的骗局。到了萨珊④时期，大概是为了恢复公信力，萨珊人只铸造了少量的这种大面值钱币，最后废止了它。相应地，他们打造了一种新型的薄层德拉克马银币，使得镀银造假变得更加困难。实际上，当时萨珊的假币问题比罗马时期少很多。因为造假者需要将假币在市场上置换成真正的贵金属才能获取收益，对于那些可疑的假币和货币伪造

---

① 帕提亚帝国：又称安息帝国，公元前 247 年—公元 224 年，帕提亚帝国位于罗马帝国与中国汉朝之间的丝绸之路上，成为商贸中心，与汉朝、罗马帝国、贵霜王朝并列为当时亚欧四大强国。公元 224 年被萨珊代替。——译者注

② 德拉克马：古希腊银币名，现代希腊的货币单位。——译者注

③ 四德拉克马：古希腊银币名，银制的希腊德拉克马、四德拉克马是流通于整个帕提亚帝国的钱币。——译者注

④ 萨珊：又称波斯第二帝国，公元 224—651 年，在安息帝国衰败及其末代君王阿尔达班五世阵亡后，由阿尔达希尔一世建立了萨珊而取代了安息。——译者注

品，人们就可以通过称重的方法来辨别真伪。

　　然而，现如今，随着收藏家们对萨珊钱币的收藏需求日益增长，我们也正面临着现代假萨珊币所带来的危害。这种假币的生产方式有两种：一种是利用造假模具浇铸①；另一种是压铸②。我们利用解构化学或冶金分析通常就能确认这些假币的真伪，但检测成本很高。因此，人们比较喜欢用肉眼进行初步判断，同样能看出很多端倪。以下列举了几个典型的可疑的假币样品，我们将就这些例子进行分析。

　　钱币A。据称这是一枚霍尔米兹德二世③时期的第纳尔④金币，由造假模具浇铸而成。然而，这种假币的款式与其说古板，不如说是粗劣，并且人们对这种钱币的细节普遍存在着误解。王冠上的主要图形是一只老鹰，它的身体过分伸展，不但没有举着象征最高王权的珠宝，还耷拉着脑袋。并不是每一枚真正的萨珊钱币都有正确的铭文，但在这个示例钱币上的错误，并不在可理解的范围之内。此外，我们可以看到这枚钱币的边缘呈现大致的弧状，主要是由于在模具挤压作用下，胚料发生了变形所致。在真币2点钟方向，可以看到由边缘碰撞造成的细微凸缘，而这枚钱币上并没有。此外，这枚钱币的质量只有5.28克，比真币轻得多。

　　钱币B。这是一枚巴赫拉姆二世⑤时期的假币，也由造假模具浇铸而成。同样，造假模具在很多方面都扭曲了真币的原始理念。币面上女王的发辫下垂，呈一排排的颗粒状，而她的脖子和衣服的曲线与国王脖

---

　　①　浇铸：金属铸造工艺的一种，是指金属液在地球重力的作用下注入铸模的工艺，也称"重力铸造"。——译者注

　　②　压铸：金属铸造工艺的一种，是指金属液在其他外力（不含重力）的作用下注入铸模的工艺，区别于浇铸。实质是在高压作用下，使液态或半液态金属以较高的速度充填压铸型型腔，并在压力下成型和凝固而获得铸件的方法。——译者注

　　③　霍尔米兹德二世：萨珊国王，公元302—309年在位。——译者注

　　④　第纳尔：罗马货币，也在萨珊流通使用。——译者注

　　⑤　巴赫拉姆二世：萨珊国王，公元274—293年在位。——译者注

子混在了一起。国王衣服的平行翻领在他的胸前成了"V"字形，因为两条毫无意义的线而相交在一起。他耳后王冠上的"十"字形横杆根本就不该在那里。此外，假币上铭文的文字也令人费解。

这种假币1点钟方向与9点钟方向之间的区域铭文并不好，这一错误直接凸显了假币相较于真币的异常之处。尽管由于并未流通的缘故，假币边缘呈矩形而不是圆弧形，它的边缘伪造得还不算差。4.19克的质量略高，但在可接受的范围内。

钱币C。从外观上看，这是一枚沙普尔一世①时期的德拉克马银币，由粗糙的工艺压铸而成。由于是基于真币标本而铸成的，其外观设计自然逼真。此外，铸模（即压铸金属的空腔）的材质是劣质石膏，由此铸造而出的假币，其币面上的肖像和文字纹理都很不清晰。王族的脸也同常人一样是"粗糙而有胡须的"，然而在铸造的假币上这一本该刻有胡须的地方却比较光滑，这是因为模具的表面都被打磨过了。

在压铸的过程中，当两正反两面的铸模拼在一起时，会有少量金属液从缝隙里溢出，因而在假币的边缘留下了边缝，工艺上称为"飞边"②。因此，用压铸的方法制成的假币，在其边缘总是可以看到这样的飞边，或者留下一些刻意消除飞边后所留下的痕迹。在这种情况下，造假者会对模具进行一些改造，将其边缘改得像刀片一样薄，这样在合模之后，溢出的飞边就直接成为了假币的边缘。因此这种假币左侧上的铭文普遍做工很差。这枚假币的质量是4.02克，跟磨损的真币样本比起来偏重。

钱币D。这是一枚更为逼真的压铸假币，它碰巧与上一种货币（钱币C）出身于同一个模具。压铸法是利用压力将熔化后的金属直接压入模具，而不是任其靠重力的牵引而流入模具成型。大概就是出于压铸的原

---

① 沙普尔一世：萨珊国王，公元240—270年在位。——译者注

② 飞边：铸造工艺的术语，又称溢边、披锋、毛刺等，大多发生在模具的分合位置上。——译者注

因，这枚样品的细节十分明显而清晰。实际上，压铸过程中所产生的压力可能使模具产生了瑕疵，使王冠的前部出现了一条裂纹。裂纹两边的金属都在不同的程度上说明模具的形状是不规则的。这一瑕疵在模具上自然能看得出来，但由于金属的晶体结构的因素，钱币上的裂纹更为明显。

初始样品上的刻字并没有很好地转移到模具上，尤其是右侧部分。这里我们可以看到一条边线，这条边线实际上是真币的边缘，而这枚假币的边缘已经超出了这条线。很可疑的是，超出的部分被人为生硬地磨去了，这从侧面上看则更加明显。模具的容积大小是错误的，因此伪造出的假币的质量通常也不准确。这枚假币的质量是 4.53 克，超出真币重量很多。

钱币 E。迄今为止，我们并没有发现任何关于巴赫拉姆一世时期的四德拉克马银币的记载，但我们这里有一个样品。乍眼一看，这枚假币也是用压铸的方法制成的，尽管版式做得相当不错，其表面却凹凸不平。铜银合金制成的钱币埋在土里容易腐蚀生锈。诸如国王嘴巴前部的突起之类的赘生物和 2 点钟方向大幅被腐蚀掉的刻字都是由土壤的沉积作用造成的。铜经过一定的化学反应后析出，但一旦环境发生了变化，再次从溶液里析出的金属析出物就不一定会沉积在其原本的位置上。

这枚银币曾经被重物敲击过表面，在银币上的那些明显的径向裂纹就是最好的证据。在银币的侧面和背面 5 点钟与 8 点钟的方向都可以看见这些裂纹。8 点钟方向的那条裂纹上由一层铜绿①勾勒出来，并沿着一个方向逐渐变窄，最后收缩成一个点，这个点就是断裂的起点。因为铸模表面存在张力，所以用压铸的方法是绝不可能精确复制这种裂纹的。这枚银币很有可能就是真品，其表面的变形就是由锻造时的锤击造成的。其质量为 12.70 克，正好合适。

本书文末附录印有钱币 A 到钱币 E 的图例，供读者参考。

---

① 铜绿：铜器表面经二氧化碳或醋酸作用后生成的绿色碱式碳酸铜。——译者注

价　　值

对于收藏家们来说，一枚货币的价值，不仅取决于它的稀有程度，还取决于一些其他的因素。比如其美学价值和历史价值等。稀有货币，虽然受到专家们的关注，但通常并不会因为稀有而比标准类型的货币获得更多的溢价。另外，货币的"状态"极其重要，"完好程度"的高低几乎可以使其价值翻倍或减半。

以下是对状态"非常完好"的金银币样品，以及状态"完好"的铜币、青铜币与合金制币的相关价值的估算表。表中的价格以英镑为单位，是按照 1985 年 7 月时英镑兑美元 1：1.25 的汇率来计算的。

	金			银		贱金属		
	倍数	第纳尔	分数	德克拉马	分数	4 德克拉马	AE 倍数	AE 查柯
阿尔达希尔一世								
币面	—	—	—	1500	1000	—	—	150
帕提亚	—	3500	2000	150	150	150	—	25
有塔楼的	—	—	—	1200	500	—	150	—
光头	—	—	—	1200	500			
丝边	20000	5000	2000	100	100			

续表

	金			银		贱金属		
	倍数	第纳尔	分数	德克拉马	分数	4德克拉马	AE倍数	AE查柯
双人像	—	—	—	2000	—		100	—
沙普尔一世	—	2000	—	50	50	75	75	15
霍尔米兹德一世	—	—	—	1200	500	250	—	30
巴赫拉姆一世	—	2500	1200	200	200	300	—	20
巴赫拉姆二世								
国王	—	3000	1500	500	400	200	—	20
国王，王后	—	—	—	500	—	—	—	—
国王，王子	—	3500	—	350	250	—	—	—
三人像	—	3500	—	150	100	100	—	20
巴赫拉姆三世	—	6000	—	1000	400	—	—	—
纳尔塞斯	—	3000	—	150	100	—	—	15
霍尔米兹德二世	30000	2000	750	80	80	—	75	15
沙普尔二世	—	1200	500	50	50	—	50	10

	金		银		贱金属	
	第纳尔	分数	德克拉马	分数	倍数	查柯
阿尔达希尔二世	全部错误？		200	150	—	—
沙普尔三世	—	—	60	60	—	10
巴赫拉姆四世	1200	—	30	40	—	5
伊嗣侯一世	1200	—	30	—	—	5
巴赫拉姆五世	1000	—	25	—	—	5
伊嗣侯二世	1000	400	20	—	—	5
菲鲁兹	500	—	20	40	—	—
巴拉什	—	—	75	100	—	—
扎马斯普	—	—	75	100	—	—
卡瓦德一世	—	400	15	40	—	5
库思老一世	15000	—	10	—	—	5
霍尔米兹德四世	—	—	7	—	—	—

续表

	金		银		贱金属	
	第纳尔	分数	德克拉马	分数	倍数	查柯
巴赫拉姆六世	5000	—	200	—	—	—
维斯塔哈姆	—	—	150	—	—	15

	金	银	贱金属
	第纳尔	德克拉马	查柯
库思老二世			
币面	3000	750	—
侧面	—	7	10
卡瓦德二世	—	200	
阿尔达希尔三世	—	75	
布伦	20000	600	
阿扎尔米杜赫特	—	800	
霍尔米兹德五世	—	150	—
库思老五世	—	200	—
伊嗣侯三世	—	100	—

萨珊艺术

铸币只是萨珊文化的一部分。为了能够更全面地领会萨珊时期的艺术风貌，我们认为有必要用一些例子来介绍一下萨珊文明在其他社会文化领域的成就。有些例子可能与钱币有着密切的联系，比如经过雕刻的宝石，其制作方法与很多造币模具使用的技术相同。还有一些例子则来自完全不同的领域，但仍与钱币有着千丝万缕的关联。比如在建筑领域中十分重要的建筑结构——火祭坛①的图形就被刻在了钱币的背面。

Ⅰ 玛瑙②印章

玉髓③，31mm×19mm

大英博物馆

根据铭文的人像特征和他头上的王冠推测，这枚印章可能是为巴赫拉姆四世④时期的一位官员而刻制的。国王身着裙式长衬衫和带褶皱的

---

① 萨珊钱币的正面通常是皇帝的半身像，背面为火祭坛。——译者注

② 玛瑙：玉髓类矿物的一种。——译者注

③ 玉髓：石英的一种，被人们当作宝石，主要用作首饰和工艺美术品的材料。——译者注

④ 巴赫拉姆四世：萨珊国王，公元388—399年在位。——译者注

裤子，右手抓着剑柄，左手抓着一把十字长矛，意欲刺穿一名降伏在他脚下的敌人。他的腰间系着一根链锤以备近战，王冠的末端垂在他的肩膀上，这是萨珊钱币上的典型图样。

Ⅱ岩石浮雕：详图

接近原尺寸。菲鲁扎巴德城。

（图片来源：赫尔曼博士）

这是一个浮雕面并不突出的浅浮雕①，为我们展示了阿尔达希尔一世②骑马进攻帕提亚敌人的场景。国王精致的鬈发由一条细发带收拢，在头顶上扎成一股浓密的发辫。他的头上缠绕着一条象征王权的头带，下端的长发随着他骑马飞驰而向后飘起。长头巾也在水平方向上随风飘动，头巾尾端因飘动而产生的褶皱更加凸显了长发的飘逸。在他下巴的胡须末端处系着一个小蝴蝶结，跟头顶上发髻的发带相配。奖章或者宝石围成一圈构成鳞甲③的领口，鳞甲外面套着无袖上衣，由皮带固定，皮带与胸甲④相连。这幅画像在很多方面都与阿尔达希尔发行的钱币上的画像细节很吻合。

Ⅲ 岩石浮雕

大小约是原尺寸的两倍。

---

① 浅浮雕：浮雕按照压缩空间的不同，分为浅浮雕与高浮雕两类。浅浮雕起位低、形体压缩大，雕刻出来的花纹只是略微地凸出于底面，看上去更加具有装饰性，占用的面积更少。——译者注

② 阿尔达希尔一世：萨珊的开国国王，公元 224 —240 年在位。——译者注

③ 鳞甲：鳞甲是世界上使用最广泛的一种铠甲，在古代各文明国度的军队中，都有鳞甲的出现，用众多鳞片状金属片缀在一起组合而成。——译者注

④ 胸甲：胸甲由前后两片甲板组成，主要材料是铁，搭扣和铆钉为黄铜，由皮带连接。——译者注

位于纳克歇·洛斯塔姆①。

这块浮雕大约是在阿尔达希尔一世统治的末期时雕刻的（时间是卢科宁根据国王所佩戴王冠的式样而推测的），描绘了阿胡拉·马兹达②将象征皇权的王冠授予阿尔达希尔的场景。他们两人骑在马背上，世界上一切的邪恶化身为恶神阿里曼的模样，而敌人则化身为阿尔达班的模样，邪恶与敌人全都降伏在他们的马蹄之下。阿尔达班③是最后一个安息帝国的国王，根据他王冠上的那个标志♀就可以辨认出。阿尔达希尔的左手举起，食指弯曲的手势是向神表示崇敬。在一些早期发行的钱币上，尤其在巴赫拉姆二世时期，火祭坛边的侍从也做出类似的手势。浮雕墙上的神之王冠被阿尔达希尔应用在了一些他发行的钱币画像上，还用作其子沙普尔的常用头饰。侍从手里拿着拂尘④站在国王的身后，这一画面取自于阿契美尼德⑤时期的浮雕，彰显了阿尔达希尔想要复兴前朝荣耀的决心。

---

① 纳克歇·洛斯塔姆岩石浮雕：波斯帝陵和萨珊浮雕位于距波斯波利斯不远处的一座山崖上，"纳克歇"是波斯史诗中的英雄，"洛斯塔姆"是肖像之意，还有一种解释是"帝王的山谷"。——译者注

② 阿胡拉·马兹达是古波斯人崇拜的一个最高神明的名字，为琐罗亚斯德教的最高神。大流士一世时，琐罗亚斯德教成为波斯的国教，阿胡拉·马兹达成为最高之神，是王权的保护者。该教认为阿胡拉·马兹达（意为"智慧之主"）是最高主神，是全知全能的宇宙创造者，它具有光明、生命、创造等德行，也是天则、秩序和真理的化身。——译者注

③ 阿尔达班：安息帝国（帕提亚帝国）的最后一个国王。——译者注

④ 拂尘：又称尘拂、拂子、尘尾，是一种于手柄前端附上兽毛（如马尾、麈尾）或丝状麻布的工具或器物，一般用作扫除尘迹或驱赶蚊蝇之用。拂尘起源于汉朝时期。原文中是 fly - whisk，其样式以及功能几乎与中国的拂尘相同，故采用此译。——译者注

⑤ 阿契美尼德王朝：波斯语هخامنشیان，公元前 550 年—公元前 330 年，又被称为波斯第一帝国，是古波斯地区第一个把版图扩张到中亚及西亚大部分地区的君主制帝国，也是第一个横跨欧、亚、非三洲的帝国。——译者注

Ⅳ 塔克·基斯拉①，萨珊皇宫

大约 30 米高，位于泰西封②。

人们普遍认为，这一宏伟的建筑是在一座更早期的帕提亚宫殿的基础上建造的，而建造的目的是为沙普尔一世盖一座宏伟的皇宫。实际上，正面开放的高顶拱形大殿"伊万"③的建筑构想，其原型可以追溯到帕提亚时期。然而，这座建筑规模之宏大，远远超出了前人的设想。拱门至今仍完好如初，而其右侧的外墙在一百多年前被一系列自然灾害夷平了。残损的墙面现在由扶壁支撑着以防止坍塌。据当时一些见过宫殿的人描述，伊万皇宫雄伟壮丽，外墙是经过粉刷的，内墙有锦砖装饰，地板是由大理石铺就的，然而这些都没有留存下来。众王之王④将子民们召集到这座大殿里，在那里他们听取子民们的意见；当然也是在这里，官员们将一些奥波和查柯⑤慷慨赠予那些子民。

Ⅴ 银盘

位于大英博物馆内。

直径为 27 厘米，是弗兰克斯先生的慷慨遗赠。

（图片来源：大英博物馆）

将银盘上的王冠与钱币上的王冠进行比照，我们推测这个银盘上面

---

① 塔克·基斯拉：今称泰西封拱门。——译者注

② 泰西封：萨珊王朝的首都。——译者注

③ 伊万：波斯语 ايوان，源自巴列维语的 Bān，意为房子。是指圆顶的大厅或场所，三面墙，另外一面完全开放。伊万是波斯萨珊王朝建筑的一个标志，后来才被引入到伊斯兰建筑中。——译者注

④ 众王之王：历史记载中，最早使用"众王之王"这个尊号的帝国统治者是波斯帝国的居鲁士二世，这本是救世主的称呼，后来变成对波斯帝国君主的尊称。——译者注

⑤ 奥波、查柯：古希腊银币，货币单位，这里指钱币。——译者注

刻画的人物形象很可能是巴赫拉姆五世①。在伊朗的传说里，他因热爱狩猎野驴而闻名。然而这里所描绘的，则是一头狮子在袭击他的马时被他刺杀的场景。另一头母狮已经受伤了，却仍跃起来试着保护它那只被国王抓在左手上的幼崽。银盘下端刻着五个锥形的土丘，山丘背后有两片长条的叶子，意味着这个场景发生在一个多山的农村。这一画面经常出现在萨珊的纺织品上，包括马的臀部后面浮动的两个东西。有人把这两个东西看作是萨珊人附加的武器，而还有人则认为这仅仅是单纯的装饰，关于这两件物品的功用一直以来都存有争议。银盘上刻画的国王留着精心修剪过的胡须和头发，这些细节是钱币质量上乘的特征体现。

Ⅵ 银质半身像

大小约是原始尺寸的 3/4。

来自弗瑞尔艺廊展品，位于华盛顿。

（图片来源：弗瑞尔艺廊）

复制在封面上。

就如同上述提到的银盘制作的工艺一样，这个半身像也是采用一种制作凸纹的工艺制成的，而且还可能被用在了一种室内结构布景之中。工匠的锤子想要伸入中空的头部是有难度的，这或许就是造成雕像上那异常的刻痕的原因。王冠的样式与阿尔达希尔三世②的钱币上的王冠相吻合。然而，我们没有真实的塑像，只能尽量尝试去表现出历代国王们被赋予的神圣恩赐。对于很多钱币上的图像当然也是如此。

---

① 巴赫拉姆五世：萨珊国王，公元 420—438 年在位。因热爱狩猎而有"野驴"的外号。——译者注

② 阿尔达希尔三世：萨珊国王，公元 628—629 在位。——译者注

本章外文参考文献列表

Select Bibliography

Bivar, A.D.H., "A Sasanian Hoard from Hilla",
  Numismatic Chronicle, 1963, p.157
Frye, R.N., "The Heritage of Persia", 1962
Göbl, R., "Sasanian Numismatics", 1971
  ~   "Kushan Atlas", 1979
Herrmann, G., "The Iranian Revival", 1977
Lukonin, V., V. Луконин, "Культура Сасан
  идского Ирана", 1969
Mitchiner, M., "Oriental Coins and their Values.
  The Ancient and Classical World", 1978
Mochiri, I. "Etudes de Numismatique Iranienne
  sous les Sassanides et Arabe-Sassanides",
  Vol. I., Tehran, 1972
  ~   Vol II., Tehran, 1977 (reprinted)
de Morgan, J. "Manuel de Numismatique Orien-
  tale de l'Antiquité et du Moyen Age". 1923
  ~   "Numismatique de la Perse Antique"
  in E. Babelon "Traité des Monnaies
  Grecques et Romaines" Vol. III. 1930.
Paruck, F.D.J. "Sassanian Coins", Bombay,
  1924 (Reprinted)
Valentine, W.H., "Sassanian Coins", 1921
Yarshater, E. ed "The Cambridge History of
  Iran" Vol. III., 1983.

插　　图

下列标有星号的钱币的插图都经过了伯明翰大学巴伯艺术学院的慷慨许可。

1	阿尔达希尔一世	德拉克马	
2	—	1/2 德拉克马	*
3	—	2 查柯	
4	—	德拉克马	*
5	—	四德拉克马	
6	—	德拉克马	
7	—	1/2 德拉克马	*
8	—	奥波	*
9	—	1/6 第纳尔	
10	—	德拉克马	
11	—	8 查柯	
12	沙普尔一世	德拉克马	
13	—	第纳尔	
14	—	德拉克马	*
15	—	德拉克马	

16	霍尔米兹德一世	德拉克马	
17	—	德拉克马	*
18	巴赫拉姆一世	德拉克马	
19	—	2 查柯	
20	巴赫拉姆二世	第纳尔	
21	—	德拉克马	*
22	—	德拉克马	
23	—	德拉克马	
24	巴赫拉姆三世	德拉克马	
25	—	德拉克马	*
26	纳尔塞斯	德拉克马	
27	霍尔米兹德二世	德拉克马	
28	沙普尔二世	德拉克马	
29	—	德拉克马	
30	—	8 查柯	
31	—	第纳尔	
32	—	德拉克马	*
33	—	德拉克马	
34	阿尔达希尔二世	德拉克马	
35	沙普尔三世	德拉克马	*
36	—	奥波	
37	—	德拉克马	
38	巴赫拉姆四世	德拉克马	
39	—	德拉克马	
40	—	德拉克马	*
41	伊嗣侯一世	德拉克马	
42	—	奥波	
43	巴赫拉姆五世	德拉克马	*

44	伊嗣侯一世	德拉克马	*
45	巴赫拉姆五世	德拉克马	
46	伊嗣侯二世	查柯	
47	—	德拉克马	*
48	菲鲁兹一世	德拉克马	
49	—	德拉克马	*
50	巴拉什	德拉克马	
51	卡瓦德一世	德拉克马	
52	—	德拉克马	*
53	扎马斯普	德拉克马	*
54	库思老一世	德拉克马	
55	霍尔米兹德四世	德拉克马	
56	—	德拉克马	
57	巴赫拉姆六世	德拉克马	
58	—	第纳尔	
59	维斯塔哈姆	德拉克马	
60	库思老二世	第纳尔	*
61	—	德拉克马	*
62	—	德拉克马	*
63	库思老二世	12 诺米亚	
64	—	查柯	
65	—	德拉克马	
66	—	德拉克马	
67	—	德拉克马	
68	卡瓦德二世	德拉克马	
69	阿尔达希尔三世	德拉克马	
70	—	德拉克马	
71	布伦	德拉克马	

目录和历史记录

因为我们最终目的是在对萨珊货币进行介绍，而不是关于学术问题作全面而详尽的论述，所以对于生僻和目前暂无定论的学术问题，在下文中都只作略述。

为了便于辨识，一般的铭文已经以一种可读的方式记录下来。一定要时刻牢记一点，历史上发现的钱币本身存在刻字和印字的拼写错误、缩写和漏写都是很常见的。尤其是那些铸币厂的厂名，可能比书中记录内容提到的偏短也可能偏长。

钱币的图例都在本书附录用（#…）标号的形式列出，以供读者和学者查找。

铸币厂的地理位置都在本书前面的地图上标出。

阿尔达希尔一世
公元 224—242 年

波西斯①作为阿契美尼德王朝②的古都，在帕提亚人 500 年统治期

---

① 波西斯：阿契美尼德王朝的都城，今伊朗法尔斯省。——译者注

② 阿契美尼德王朝：又被称为波斯第一帝国，公元前 550 年—公元前 330 年，是古波斯地区第一个把版图扩张到中亚及西亚大部分地区的君主制帝国，也是第一个横跨欧、亚、非三大洲的帝国。——译者注

间，是一个相对闭塞的地方。在帕提亚时期，边境地区都由各地的君王进行管辖，而阿尔达希尔就是其中波西斯的国王，这个地区的中心是什塔克尔城，离阿契美尼德时期的都城波斯波利斯①不远。

作为帕帕克②的儿子和萨珊③的孙子，阿尔达希尔从小就受到了关于祖先伟大成就的谆谆教诲。安息帝国的帕提亚统治者忙于应对来自罗马的外部军事压力，比如与罗马皇帝卡拉卡拉④进行对抗。与此同时，阿尔达希尔就趁势发起了对"众王之王"政权的颠覆活动。

起初是与城内的敌人对抗，然后再扩大到与安息人的对抗，一系列的战争最终引发了公元 224 年的奥尔米兹达干战役⑤。帕提亚帝国的最后一任国王阿尔达班在这场战役中不幸阵亡。几年后，阿尔达希尔经过一系列征战控制了除了亚美尼亚以外的整个国家。亚美尼亚地区长期以来都是伊朗和罗马之间不断争夺的战略要地。在表面上，安息的政权并没有受到侵蚀，据说阿尔达希尔甚至娶了安息王的一个女儿来使他的权力显得更具正当性和合法性。但实质上，新上任的君王变得更加强势，他们的统治更加集中化，希腊式的统治变得非常稀少，政权与琐罗亚斯德教⑥的联系变得更加紧密。一开始，阿尔达希尔很可能就已经有了重新建立一个疆域辽阔、权力集中的帝国的想法，这个帝国要类似于居鲁

---

① 波斯波利斯：阿契美尼德王朝的第二个都城。——译者注

② 帕帕克：阿尔达希尔一世的父亲。——译者注

③ 萨珊：阿尔达希尔一世的祖父，萨珊王朝因此得名。——译者注

④ 卡拉卡拉：罗马皇帝，与盖塔为共治皇帝，公元 198—217 年在位。——译者注

⑤ 奥尔米兹达干战役：阿尔达班五世在奥尔米兹达干战役中阵亡，帕提亚帝国灭亡。——译者注

⑥ 琐罗亚斯德教：伊斯兰教诞生之前西亚最有影响的宗教，古代波斯帝国的国教，曾被伊斯兰教徒称为"拜火教"，中国史称为祆（xiān）教、拜火教。但有人说"拜火教"是一种蔑称。——译者注

士大帝①（公元前 529 年逝世）统治的阿契美尼德王朝。

　　阿尔达希尔一世是一名战士、一名统治者，同时他还是一名建设者。他的一系列光辉事迹，早已成为了传说。广为流传的神话故事中，常常将他与居鲁士大帝和古巴比伦的屠龙者马杜克②相提并论。在退位前，他任命他的儿子沙普尔为继承人，并告诫他王权和火祭坛二者是不可分割的。对罗马人来说，这一新的政权与旧政权在性质上并没有什么区别，只是更具威胁性。

　　阿尔达希尔之所以沿用帕提亚的钱币，是由于阿尔达希尔前任君主们和当时帕提亚帝国的一些铸币厂的缘故。铸币厂在以埃克巴坦那③为主的高原城市里发行了德拉克马银币和小枚铜币，这些钱币质量精良。从美索不达米亚的主要城市塞琉西亚④流传过来的是以四德拉克马为基础银币。塞琉西亚与阿尔达希尔最终定都的城市泰西封依水相连。

　　新型的萨珊德拉克马与最后一种帕提亚钱币有很大的差别，这是为了向人们强调在这片土地上已经有了新的统治者。钱币的标称重量仍然约为 4 克，但变得更薄更宽了。这种钱币的款式与当时任何一种钱币制品相比都更加漂亮。国王的权威和神圣在钱币铸造上表现得淋漓尽致，钱币上刻着精致的宝石王冠和繁复发式则更加彰显了这一点。对于大部分的人来说，新型钱币上的刻字比没落的帕提亚制造的希腊钱币更具有可读性。钱币背面的火祭坛的设计，是琐罗亚斯德教的象征，宣告其作为国教与国家教会的全新结合。

---

　　① 居鲁士大帝：古代波斯第一帝国阿契美尼德王朝的缔造者（公元前 550 年—公元前 529 年在位）、波斯皇帝、伊朗国父。——译者注

　　② 马杜克：巴比伦的至尊神。——译者注

　　③ 埃克巴坦那：古波斯帝国的第一个首都，考古学家们已在该地区发现了颇多器物，其中包括金银书板，这些都表明阿契美尼德王朝君主们的财库曾设在埃克巴坦那。——译者注

　　④ 塞琉西亚：希腊重要的贸易和文化中心，坐落于美索不达米亚的底格里斯河畔，后被安息占领。今伊拉克首都巴格达，也是丝绸之路经过的地方。

第纳尔金币及其碎片大概是被阿尔达希尔当作正式的礼物来使用的。而德拉克马银币和铜币的碎片在市场上也起着重要的作用。当今这些钱币如此珍贵的原因，可能在于德拉克马本身作为钱币的实用性以及便于贮藏的特点。在萨珊王朝时期的货币贮藏中，经常能发现一些小额的帕提亚货币，甚至还有更古老的阿尔姆货币，由此看来，这些货币似乎在铸造该货币的王朝结束后继续流通了几个世纪。

品种 I
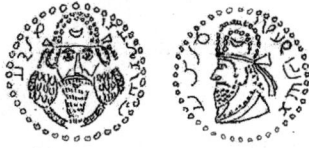

品种 II

铭文
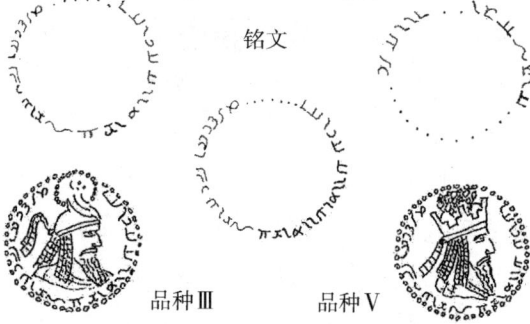

品种 III

品种 V

品种 IV

品种 VI

面值

AV　2 第纳尔

AV　第纳尔

AV　1/6 第纳尔（#9）

比隆　四德拉克马（#5）

AR　德拉克马（#1，4，6，10）

AR　1/2 德拉克马（#2，7）

AR　奥波（#8）

AE　8 查柯（#11）

AE　2 查柯（#3）

AE　查柯

种类——2 第纳尔

品种Ⅲ

—第纳尔

品种Ⅱ

品种Ⅲ

—1/6 第纳尔

品种Ⅱ

品种Ⅲ（#9）

—四德拉克马

品种Ⅱ（#5）

—德拉克马

品种Ⅰ（#1）

品种Ⅱ（#4）

品种Ⅱ，皇冠在圆圈中央

品种Ⅱ，皇冠在王冠中间

品种Ⅱ，皇冠在三曲线中间

品种Ⅱ，皇冠在一只老鹰中央

品种Ⅲ（#10）

品种Ⅳ

品种Ⅴ（#6）

品种Ⅴ，省略了头顶的发束

品种Ⅵ

—1/2 德克拉马

品种Ⅰ（#2）

品种Ⅲ

品种Ⅳ（#7）

—奥波

品种Ⅰ

品种Ⅱ

品种Ⅲ

品种Ⅳ（#8）

品种Ⅴ

—8 查柯

品种Ⅱ

品种Ⅴ

品种Ⅵ（#11）

—2 查柯

品种Ⅰ（#3）

品种Ⅱ

—1 查柯

品种Ⅱ

沙普尔一世
公元 240 —270 年

在沙普尔一世的统治下，阿尔达希尔的广阔领土得到了进一步扩大，扩张到所能到达的最东边地区。公元 244 年，沙普尔战胜了阿拉伯人菲利普①，将亚美尼亚以及美索不达米亚的其余地区收入了萨珊统治范围内。公元260年，另一位罗马皇帝——瓦勒利安②不仅被沙普尔打败了，而且还在战场上被对手俘虏了。但是风水轮流转，后来在与帕尔米拉③的长年对战中，沙普尔自己也遭遇了同样的惨败。

通过在里海④区域之外一连串的胜利，沙普尔攻下了巴克特里亚王国和塔什干及撒马尔罕的城市。此外，沙普尔还设了一个新的贵霜王朝⑤国王作为他的封臣。萨珊人因此掌控了起自中国的丝绸之路上很长一段地域以及原先帕提亚帝国以外的领土。沙普尔对萨珊影响深远，不是通过他发行的货币，而是因为他的头衔——"伊朗人和非伊朗人的众王之王"。

成千上万的罗马囚犯被安置在萨珊境内，尤其在贡德沙普尔⑥——沙普尔建造的一座更好的"安条克城⑦"。他们将罗马的建筑技术传给伊朗的建筑师，用于建造水利工程、风车和水磨。这些工匠们享有特殊的地位，并且在一个世纪之后，他们被赋予作为纳税人的伊朗市民的身份，重新获得了自由。两个民族的文化并没有相互渗透，但这些工匠们

---

① 菲利普：罗马皇帝，全名为马尔库斯·尤利乌斯·菲利普，公元224—229年在位。——译者注

② 瓦勒利安：罗马皇帝。——译者注

③ 帕尔米拉：今叙利亚，公元前1世纪建立于叙利亚沙漠中部绿洲的古城，曾有过较高的文明，以世界贸易中心的地位独霸西亚。——译者注

④ 里海：世界上最大的湖泊且为咸水湖，位于欧洲和亚洲的交界处。——译者注

⑤ 贵霜王朝：公元55—425年，当时欧亚四大强国之一，与汉朝、罗马、安息并列。——译者注

⑥ 贡德沙普尔：沙普尔一世在位时期兴建的新城市，日后发展成了波斯中世纪时的文化中心。——译者注

⑦ 安条克城：位于东西方必经之路上，被称为"东方明珠"（Queen of the East），在罗马帝国时期，安条克城是罗马帝国最繁华的城市之一。公元526年，一场大地震摧毁了整个城市，安条克城从此衰落。公元540年，波斯的萨珊王朝曾一度征服了安条克城。——译者注

彼此都知道，他们的地位已高于身边那些其他的罗马人了。

在政治上，中央集权仍在持续。但在宗教领域，尽管受到了来自琐罗亚斯德教教会的压力，沙普尔则显得更为包容。犹太教、基督教和摩尼教①都因此受益。摩尼教的名字取自于与安息王室有亲戚关系的波斯人摩尼（公元216—277年）。摩尼同他的父亲一样是禁欲主义者，同时还是一个颇有远见的人。他自称是"神的使者"，集合了琐罗亚斯德教、佛教和犹太教的教义，意图创建一种新的信仰。这一汇合性的宗教迅速吸引了从西班牙一直到中国的众多信徒。沙普尔登基时也将摩尼从印度的传教组织中召回。在宫廷上，摩尼是一个敏感人物，他与安息王室的血缘关系使他遭到了由科德带领的琐罗亚斯德教的强烈反对。

实际上，从钱币的角度来考量，沙普尔似乎是为了竭力强调他对国教的信守，在他的肖像上采用了从他父亲几枚珍贵的钱币上看到的金城冠②图形的装饰，并结合了琐罗亚斯德教的主神阿胡拉·马兹达的肖像。另一枚珍贵的银币则描绘了沙普尔模仿阿娜黑塔女神头戴鹰头皇冠的样子。钱币的反面也是他的肖像，刻画了他作为火祭坛边的侍从的形象，似乎是为了强调他的双重身份，既是国王，又是圣火的守护者。

王冠上方的银色发箍将国王的头发束成"克洛伊波什"式的发型，王冠装饰着许多珍珠的图案，他脑后的头发则会时不时地扫到帕提亚式的耳罩。

钱币上并没有明显的铸币厂的署名，但钱币上一系列的标志，诸如成组的新月和球状图案，都以某种方式表示了钱币的发行地点。

此外，我们还应当注意到，有些德拉克马是用成色较差的银制成

---

① 摩尼教：公元3世纪中叶波斯人摩尼（Mani）在拜火教的理论基础上，吸收了基督教、佛教等教义所创的一个世界性宗教。摩尼教主张善与恶的"二元论"，认为宇宙间充满善与恶、光明与黑暗的斗争，并且有严密的教团组织和宗教制度。——译者注

② 金城冠：古罗马赏赐给先登上敌人城堡插上旗帜的勇士的呈城墙状的金冠。——译者注

的，这种金属可能是将罗马银币熔化之后所得到的。

据一块沙普尔纪念碑的碑文记载，罗马皇帝菲利普向萨珊支付了50万奥里斯①的赎金，或许就是这笔钱为伊朗打造金币创造了条件。本书的末尾附录展示了这些钱币图片，供读者欣赏其艺术价值。与当时罗马铸币厂制造的最好的作品相比，萨珊钱币则更胜一筹。雕刻师巧妙地将西方模切机的现实主义艺术特色与"众王之王"神圣的原始理念结合在了一起。

品种 I

铭文

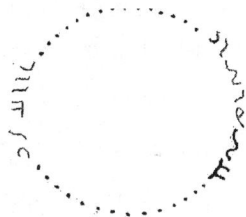

面值

AV 第纳尔（#13）见背面

B   四德克拉马

AR 德克拉马（#12，#14）

AR 半德克拉马

AR 奥波

AE 8 查柯

AE 2 查柯

---

① 奥里斯：古罗马的金质货币。——译者注

AE　查柯

种类

品种Ⅱ　AR 德克拉马，刻有耳罩的（#15）

品种Ⅲ　AR 德克拉马，鹰头帽

霍尔米兹德一世
公元270—271年

霍尔米兹德是沙普尔一世的其中一个儿子。在他被选为国王之前，他曾统治着霍拉桑，享有着"霍拉桑的众王之王"的称誉。他曾对抗位于中亚河中地区（塔什干附近）咸海南部的索格狄亚纳人。据阿拉伯的历史学者所述，这一功绩使他成为一个传奇般的人物。霍尔米兹德同样认可摩尼教，但他将科德提拔成主神阿胡拉·马兹达的大祭司，进一步确立了琐罗亚斯德教在萨珊的国教地位。霍尔米兹德逝世的原因不明。

霍尔米兹德发行的钱币，可想而知非常稀有。钱币正面刻画了他戴着全新设计的皇冠的样貌，反面则刻着圣坛，坛柱上装饰着丝带（抑或是头带）。这整个系列的钱币，包括最近刚发现的第纳尔金币，似乎都好像被正面煅压过。这是传说中雕刻师将国王用于统治"非伊朗"的锁链融入铭文中的第一例。

唯一品种

铭文

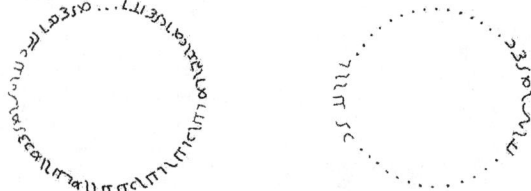

面值

AV 第纳尔

比隆 四德拉克马

AR 德拉克马（#16，17）

AR 1/2 德拉克马

AE 查柯

巴赫拉姆一世
公元 271—274 年

同他的兄弟霍尔米兹德一世一样，巴赫拉姆在很年轻的时候就被他们的父王沙普尔一世任命为"吉兰的国王"（或马赞德兰的国王），并统治着吉兰地区。这里有一块很完好的石雕，刻画了他在比沙普尔接受阿胡拉·马兹达授封时的场景。登基之后的他，似乎十分热衷于救济农民，并投身到这项事业中来。他生性大度宽容，但也正因为他对科德和国教琐罗亚斯德教的大力支持使得摩尼教在他的领地内受到迫害，摩尼也最终在狱中被处死。相比摩尼教而言，基督教所遭受的迫害要轻很多。巴赫拉姆当时的地位十分强大，他丝毫不顾贵族和纳尔塞斯的反对，将自己的儿子巴赫拉姆二世立为王位的继承人。尽管沙普尔一世的另外一个儿子纳尔塞斯具有丰富的统治经验。而在境外，罗马皇帝奥勒良得以在巴赫拉姆的统治期间重新组建罗马在边境地区的军事力量。

巴赫拉姆几乎发行了全套面值的钱币。钱币正面的王冠样式别具特色，而钱币反面的两个侍从似乎都代表着巴赫拉姆自己的形象。哥布林教授提到，个别钱币币面上的刻字大概是铸币厂的标志。

唯一品种

铭文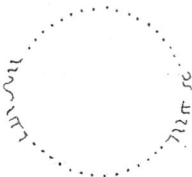

面值

AV　第纳尔

AV　1/6 第纳尔

比隆　四德拉克马（#E）

AR　德拉克马（#18）

AR　1/2 德拉克马

AR　奥波

AE　2 查柯（#19）

AE　查柯

种类——德拉克马

后面有两行刻印文字（#18）

巴赫拉姆二世
公元 274—293 年

　　巴赫拉姆二世继任时曾面临着许多内忧外患。在国家内部，有他的叔叔纳尔塞斯和他的兄弟霍尔米兹德的势力对他虎视眈眈，觊觎他的王位。而在国家外部，还有来自罗马一贯的敌意。在罗马皇帝卡鲁斯的统治下，罗马人劫掠了萨珊王朝的首都泰西封，但后来由于卡鲁斯的意外死亡，萨珊人将亚美尼亚和美索不达米亚北部的部分地区割让给罗马以求得和解。巴赫拉姆二世则投身于镇压兄弟的叛变之中。霍尔米兹德二世，这个名字很少在钱币上出现的人，统治着东部地区，并且受到了来自贵霜王朝的支持，但他最终还是被打败了，巴赫拉姆任命了一个与其同名的人取代了他的位置，称其为"萨卡斯的国王"。

随着政教合一趋势的进一步加强，科德则上升到了代表琐罗亚斯德教最高祭司的地位。毫无疑问，摩尼教所遭受的迫害日益加深，科德有不可推卸的责任。而基督徒和犹太人所受的迫害之所以比摩尼教要轻微，可能是出于国王的仁慈之心和宽容。

巴赫拉姆二世似乎非常重视他的妻儿在宫廷里的地位。因为妻儿的形象都被刻在了纳克歇·洛斯塔姆的岩石浮雕和当时发行的钱币上。

仅刻画了巴赫拉姆二世一人的钱币是最珍贵的，其次就是刻有国王与王后或者王子组合像的钱币，最后则是刻有国王、王后和王子三人的标准钱币。王子的头上戴着一系列不同的王冠，王冠的样式吸收诸如马或者野猪这类动物的头部设计。哥布林教授将这些王冠样式与岩石浮雕塑像上的样式进行了比对，指出了其中存在的相似之处，并且推断这明显是继承人的继承顺序。继承人有时被描绘成手持王冠的样子。

弗莱依教授指出，少数刻有巴赫拉姆肖像的钱币上刻着霍尔米兹德的名字，这可能就是巴赫拉姆某个兄弟在东部谋反的标志。

品种 I

品种 II

品种 III

品种 IV

 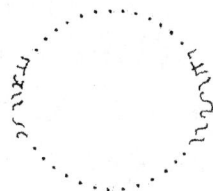

铭文

面值

AV　第纳尔（#20）

AV　1/6 第纳尔

比隆　四德拉克马

AR　德拉克马（#21，22，23）

AR　1/2 德拉克马

AR　奥波

AE　2 查柯

种类（品种、王后和君主的王冠图案、火祭坛侍从）

—第纳尔

品种Ⅰ，～，国王和密特拉（#20）

品种Ⅳ，野猪和鹰，国王和密特拉

品种Ⅳ，格里芬和鹰，国王和密特拉

品种Ⅳ，野猪和鹰，国王和阿娜黑塔

品种Ⅳ，格里芬和鹰，国王和阿娜黑塔

—1/6 第纳尔

品种Ⅳ，野猪和鹰，国王在双面

—四德拉克马

品种Ⅰ，～，国王和密特拉

品种Ⅳ，野猪和平板，国王和密特拉

—德拉克马

品种Ⅰ，～，国王和密特拉

品种Ⅱ，平板、国王和密特拉

品种Ⅱ，角马，国王和密特拉

品种Ⅱ，野猪，国王和密特拉（#22）

品种Ⅲ，平板，国王和密特拉（#21）

品种Ⅳ，野猪和鹰，国王和密特拉

品种Ⅳ，野猪和鹰，国王在双面（#23）

品种Ⅳ，平板和野猪，国王在双面

品种Ⅳ，格里芬和鹰，国王在双面

品种Ⅳ，野猪和鹰，国王在双面

品种Ⅳ，野猪和鹰，国王和阿娜黑塔

品种Ⅳ，格里芬和鹰，国王面向内在双面

—1/2 德拉克马

品种Ⅰ，～，国王和密特拉

品种Ⅳ，野猪和鹰，国王和密特拉

品种Ⅳ，平板和野猪，国王在双面

品种Ⅳ，格里芬和鹰，国王在双面

品种Ⅳ，野猪和鹰，国王和阿娜黑塔

—奥波

品种Ⅰ，～，国王和密特拉

品种Ⅱ，角马，国王和密特拉

品种Ⅱ，野猪，国王和密特拉

品种Ⅳ，野猪和鹰，国王和密特拉

品种Ⅳ，平板和野猪，国王在双面

品种Ⅳ，野猪和鹰，国王在双面

品种Ⅳ，野猪和鹰，国王和阿娜黑塔

—2 查柯

品种Ⅰ，～，国王和密特拉

品种Ⅳ，野猪和鹰，国王和密特拉

注：在上述说明中，"平板"的含义是无动物或鸟形装饰的三重冕。

巴赫拉姆三世

公元 293 年

巴赫拉姆三世是巴赫拉姆二世之子，这位君主在王朝中部和东北部地区享有广泛的民众支持，他曾在东北部地区任职总督，但他的君主生涯却因一场政变而草草结束。卡提尔为确保拜火教在国家中的崇高地位发动了一场政变，纳尔塞是巴赫拉姆三世的叔祖父，和其他贵族共同参与了密谋驱逐巴赫拉姆三世的政变，自己登上了王位。此后多年，巴赫拉姆三世很有可能继续生活在他曾任职总督的东北部地区。

正是因为这个原因，巴赫拉姆三世时期的货币数目十分稀少。刻有君主名字部分的铭文常常镌刻得模糊不清，也可能是敌人故意为之，如此一来铭文就可以解读成纳尔塞斯。一些学者认为纳尔塞本人是造成这种状况的幕后推手。最近发现了一枚大奖章，其上刻有和巴赫拉姆三世时期货币上相同的肖像和王冠，并且十分清晰地镌刻着巴赫拉姆的名字，这才似乎解开了谜底。巴赫拉姆三世在头衔中没有表明统治"非伊朗"地区的意向，这也许暗示了巴赫拉姆三世并不是一个野心家。

唯一品种

 铭文

面值

AV　第纳尔

AR　德拉克马（#24，25）

AR　奥波

纳尔塞
公元 293 — 302 年

　　纳尔塞是沙普尔一世之子，担任过亚美尼亚的总督，在展开对巴赫拉姆三世的叛乱活动的同时还带领民众掀起了在亚美尼亚地区开展反对罗马人的运动。在众人眼中，他既是治世能臣又是乱世枭雄，绝大多数贵族为其才干所折服，支持其登上王位。公元 296 年，纳尔塞大败戴克里先领导的罗马军队，但好景不长，在第二年和罗马人的对战中铩羽而归，被迫割让小亚美尼亚地区。公元 298 年战事停止，迫于压力纳尔塞承认底格里斯河为两国疆界。与此同时，戴克里先采纳了许多伊朗王庭的协议。纳尔塞统治时期教会及教会领袖卡提尔的权力被削弱了，摩尼教徒不再因为自己的宗教信仰而受到迫害，基督教徒的生活也更加轻松起来，不用每天胆战心惊过日子。由于内战一触即发，为稳定局势，纳尔塞斯似乎在公元 301 年将儿子霍尔米兹德二世当作王朝的共同统治者，霍尔米兹德二世继承了父亲的宽容绥靖政策。

　　纳尔塞时期的货币采用了一种新型图案，货币正面上王冠呈三层叶片分支形，君主的头发则呈长直编发状垂于脑后，货币背面没有变化。

唯一品种

铭文
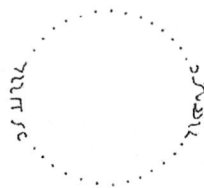

面值

AV　第纳尔

AR　德拉克马（#26）

AR　奥波

AE　2 查柯

AE　查柯

霍尔米兹德二世
公元 302—309 年

　　霍尔米兹德二世继承了其父亲纳尔塞宽容的宗教政策，但除此之外，有关他的事迹后人知之甚少。考古证据表明，在霍尔米兹德二世当政期间农业用地面积大幅度提高，这大概要归功于对灌溉渠系的合理维护。在合理规划的新城镇里人口数量不断增长，百姓爱戴君王，视其为一名严苛而又公正的统治者。霍尔米兹德二世在统治后期，废黜了沙普尔二世的兄长，而将年幼的沙普尔二世立为王储，封建贵族因此分为两派，各奉其主。沙普尔二世及其母亲（名义上的摄政王）共同理政，但实际权力掌握在世家大族的手中。

　　正如钱币上所呈现的，霍尔米兹德王冠的主要组成部分是一只鹰，这也许暗示了霍尔米兹德二世认为自己受阿娜黑塔的专门保护。鹰喙衔有一物，似是一粒珍珠或是一颗石榴，若是后者，石榴作为一种多籽的果实是生育能力旺盛的象征，是否可以认为和水之女神阿娜黑塔也就有了另一层联系？在铸币背面图案中火祭坛的火焰中第一次出现了君主的半身像，这是在强调君主和圣火之间的密切关系。

唯一品种

 铭文

面值

AV　2 第纳尔

AV　第纳尔

AV　1/6 第纳尔

AR　德拉克马（#27）

AR　奥波

AE　8 查柯

AE　2 查柯

种类——德拉克马

刻在火祭坛之上或之下的文字通常是"Rast"，ᚱᚢᚢᛋ。

沙普尔二世

公元 309—379 年

在霍尔米兹德二世死后，他的几个儿子中似乎阿杜纳尔塞才是王位直接继承人。但是此时贵族中出现了重大分歧，直接导致阿杜纳尔塞被废黜，而年幼的沙普尔二世登上王位，封建贵族享有相对自由的摄政权。沙普尔二世成年后马上开始主政，从各方面来看，在他的长期统治下，王朝的成就达到巅峰。

沙普尔二世早期的成就包括大败阿拉伯人；平息苏萨的反叛并将其

命名为"伊朗库哈沙普尔"（"伊朗沙普尔的光荣"）；在东部击败了匈奴并说服其与之共同进攻罗马；经过一番努力后沙普尔二世攻下罗马的边境城镇阿米达，将当地居民驱赶至库吉斯坦地区。后来，尤利安皇帝征讨萨珊王朝未果死于班师回朝途中。公元363年，萨珊人攻陷亚美尼亚，在亚美尼亚确立缓冲国制度。

沙普尔二世本人信奉琐罗亚斯德教，琐罗亚斯德教在萨珊王朝中地位超乎寻常，这也是他迫害宗教少数派的原因。基督教徒受到的迫害尤为严重，他们要缴纳双倍的赋税，而这些赋税则又被沙普尔二世反过来用于压迫基督教徒。

沙普尔二世时期铸造的钱币总体上遵循了传统的图形设计，但王冠造型独具特色。一枚金币上刻有只戴小型王冠的正面肖像，尚不清楚省去头饰的意义；一些银币和基本金属货币则属于阿尔达希尔一世时期货币背面的类型，货币上刻有火祭坛但没有侍从。货币背面时而出现的单个字母可能是代指铸币厂地址，除此之外，货币中还出现了东方和西方两种迥然不同的雕刻风格。

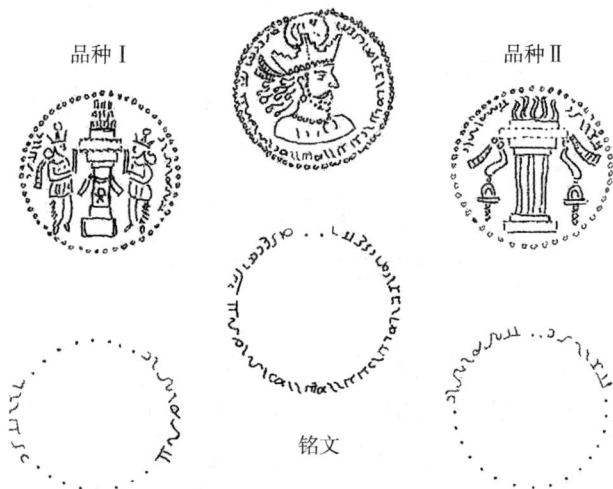

品种 I

品种 II

铭文

品种 I
铭文类型

 铭文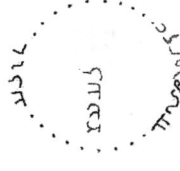

面值

AV　第纳尔（#31）

AV　1/6 第纳尔

AR　德拉克马（#28，29，32，33）

AR　奥波

AR　1/2 奥波

AE　8 查柯（#30）

AE　2 查柯

AE　查柯

种类——第纳尔

品种 I

品种 II

仅戴小型王冠的正面半身像（#31）

—1/6 第纳尔

品种 I

品种 II

—德拉克马

品种 I （#28，29，32，33）

品种 II

背面的符号或字母

—奥波

品种Ⅰ

品种Ⅱ

—1/2 奥波

品种Ⅰ

种类——8 查柯

品种Ⅰ

品种Ⅱ （#30）

—2 查柯

品种Ⅰ

品种Ⅱ

伊朗材料铅

—查柯

品种Ⅰ

品种Ⅱ

阿尔达希尔二世
公元 379 —383 年

阿尔达希尔二世和沙普尔二世之间的关系尚不明确，可能是兄弟、父子，抑或是叔侄。但无论如何，阿尔达希尔二世在位时间很短，据说是因为专制独裁而被贵族赶下王位。雅尔在王朝南部占据主导权，是萨珊王朝的权力中心，而代表阿尔达希尔二世的岩刻位于偏北部的雅克博斯坦地区，这也是反抗雅尔的一种地理位置上的象征。

毫无疑问，阿尔达希尔二世时期制作货币所使用的模具与沙普尔二世和沙普尔三世时期的相比，风格迥然不同，更加广泛地使用坯子。过去很多人曾质疑阿尔达希尔二世时期第纳尔金币的真实性，我们对货币的研究证实了这种质疑的合理性。

唯一品种

正面

铭文

面值

AV　第纳尔（全部为假?）

AR　德拉克马（#34）

AR　奥波

种类——奥波

背面只有火祭坛，没有侍从

沙普尔三世

公元 383—388 年

沙普尔三世是沙普尔二世之子，对贵族的态度更为温和，但尚不清楚他英年早逝的原因。沙普尔三世在位期间，罗马人试图重新夺回他们在亚美尼亚地区的控制权，双方关系紧张，随后双方就瓜分亚美尼亚达成协议。

在沙普尔三世时期的货币上，沙普尔三世所戴王冠的装饰与众不同，似乎暗示着国王与女神阿娜黑塔有着极为密切的关系，除此之外均采用了标准的图案设计，但奥波钱币明显是个例外，钱币背面刻有传统的王冠图案。

唯一品种

铭文

面值

AR　德拉克马（#35，37）

AR　奥波（#36）

AE　查柯

种类——奥波

背面，仅小型王冠（#36）

背面，仅火祭坛，无侍从

—查柯

背面，仅火祭坛，无侍从

巴赫拉姆四世

公元 388 —399 年

　　沙普尔三世的继承人是其子巴赫拉姆四世，巴赫拉姆四世放任贵族继续享有他们从前任君主们获得的特权，因此也被视作一位懦弱的君主。巴赫拉姆四世在位期间和罗马人瓜分亚美尼亚，罗马人占有亚美尼亚西部的一小部分。公元 395 年匈奴取道高加索地区对罗马发起攻势，打破了当时脆弱的和平局势。匈奴带来的威胁引起了大规模的动荡，但巴赫拉姆四世却没有因此赢得民心，反而死于己方弓箭手的箭下。

　　这一时期的第纳尔金币非同寻常，上面刻有巴赫拉姆四世侧面半身像，造型简洁，王冠有翼呈塔状。很多钱币上小型王冠尾部上扬，位于君主头部之后。一些德拉克马钱币背面刻有阿尔达希尔一世时期的火祭坛，但没有侍从。在钱币背面同样刻有几组字母，无疑是铸币厂地址的缩写。钱币正面去掉了说明文字"伊朗和非伊朗"，火祭坛上一般刻有铭文。

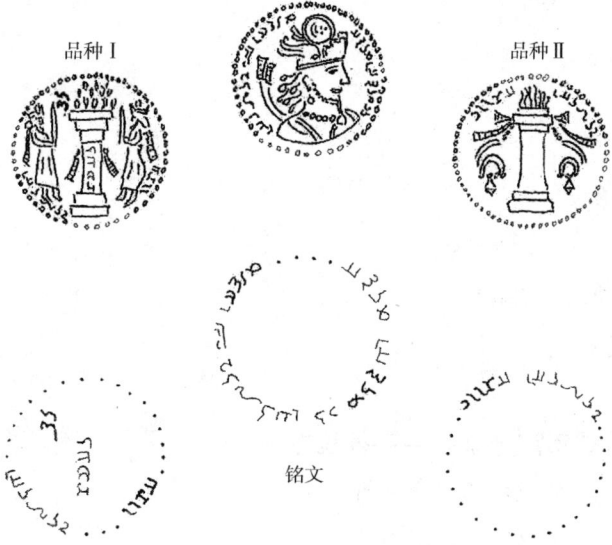

品种 I　　　　　　　　　　　　品种 II

铭文

面值

AV　第纳尔

AV　1/3 第纳尔

AR　德拉克马（#38，39，40）

AR　奥波

AR　1/2 奥波

AE　查柯

种类——第纳尔

品种 I

品种 II

正面，仅有翼三重冕

正面，侧面半身像，减重

种类——1/3 第纳尔

正面仅戴小型王冠的半身像

—德拉克马

品种 I （#38，40）

品种 II （#39）

—奥波

品种 I

品种 II

—1/2 奥波

品种 II

背面，鹰首右向

—查柯

品种 I

种类（铸币厂地址）——德拉克马

︶ᚈ	AH	哈马丹
ᚒᚈ	AS	伊斯法罕
ᚒᚈ	AT	阿塞拜疆
ᚒᚈ	AU	阿瓦兹
ᚒᚒ	BI	比沙普尔
ᚒᚒ	BLH	巴尔赫
ᚈᚥ	DA	达拉布基尔德
ᚌᚈ	HR	赫拉特
ᚥᚥ	KR	克尔曼
ᚈᚢᚈ	MA	马赫
ᚥᚥ	RD	雷伊
ᚒᚍ	ST	伊斯塔克尔 （#38）

ᠵᡞᡞ	Sh I	西兹
ᢏᢞ	VH	韦·阿尔达希尔
ᢓ	ZU	祖赞

伊嗣侯一世
公元 399—420 年

　　伊嗣侯一世是巴赫拉姆四世之子，是萨珊王朝最为著名的君主之一。在波斯历史记载和民间传说中经常以贤明君主的形象出现。伊嗣侯一世在位期间，另一边的罗马遭受了东哥特人和法兰克人的进攻，以及马克西姆斯反叛，元气大伤，正在恢复中。伊嗣侯一世并没有趁机进攻宿敌罗马，罗马东部边界因此成为其最安宁的地区。

　　阿卡第遗嘱内容见证了两国之间的友好关系。根据阿卡第遗嘱的规定，年轻的狄奥多西二世（公元 408—450 年）常驻萨珊王庭，受到伊嗣侯一世的监管和看护。伊嗣侯一世被誉为"基督王"，因其对非拜火教信仰的宽容态度而闻名。他在位期间，基督教在全国范围内得到广泛承认，并得以允许修建教堂，可以相对自由活动，实属基督教前所未有之盛况。伊嗣侯一世于公元 410 年担任塞琉西亚地区基督教主教理事会主席，并迎娶犹太督办的女儿为妻，将基督教的地位推至顶峰。令人遗憾的是，在伊嗣侯一世在位的最后几年中，一些激进的基督教徒滥用来之不易的地位，破坏琐罗亚斯德教的神殿和其他的一些建筑，这些倒行逆施使得对基督教徒迫害又重新开始了。

　　在王朝的东部边境，伊嗣侯一世要抵抗匈奴或嚈哒人（白匈奴）扩张带来的持续压力，匈奴或嚈哒人从大本营——阿富汗东南部阿拉霍西亚地区的巴布尔公国不断向外扩张。

　　伊嗣侯一世时期钱币图案的一个显著特征是王冠前侧的新月造型。铸币厂地址的简称一般刻在钱币背面祭坛的左侧。有一种稀少的第纳尔金币，只刻有火祭坛没有侍从，在萨珊钱币系列中没有再次出现。一些钱币上君主没有戴正式的王冠，仅仅戴了一顶小型王冠。

唯一品种　

　　铭文　　

面值

AV　第纳尔

AV　1/3 第纳尔

AR　德拉克马（#41，44）

AE　奥波（#42）

AE　查柯

种类——第纳尔

背面，火祭坛，无侍从

—1/3 第纳尔

正面，仅戴王冠的正面半身像

—奥波

背面，仅王冠（#42）

种类——查柯

背面，火祭坛，无侍从

种类（铸币厂地址）——德拉克马

𐭠𐭩𐭫	AIR	舒什
𐭠𐭮𐭯	ASP	伊斯法罕
𐭠𐭲	AT	阿塞拜疆

	BISh	比沙普尔
	BLH	巴尔赫
	DA	达拉布基尔德
	GUR	戈尔甘
	HRI	赫拉特
	KR	克尔曼
	KVN RIU	列弗·阿尔达希尔
	RD	雷伊
	RA	拉姆·奥哈默德
	VH	韦·阿尔达希尔
	MI	梅善（#44）

巴赫拉姆五世①

公元 420—438 年

伊嗣侯一世在统治后期开始大肆迫害基督教徒，其子巴赫拉姆五世外号"Gor"（波斯语，即"猎人"）继承了父亲的政策，继续迫害基督教徒。许多基督教徒逃到拜占庭帝国寻求庇护，巴赫拉姆五世要求他们立即返回。狄奥多西二世拒绝了巴赫拉姆五世的要求，两国再次陷入敌对状态。然而此时波斯教会会议与拜占庭教会就教义问题产生分歧，并且成立了聂斯脱利派。因此，萨珊人不必再害怕这个少数教派同情拜占庭，基督教信仰被允许了，双方恢复了和平关系。巴赫拉姆五世多次领导军队成功阻止甚至击退嚈哒人的进攻，确保了王朝东部边界多年的

---

① 原文在本节中的"Varhran V"疑似有误，多处资料皆表明此处应为"Bahram V"，译作"巴赫拉姆五世"，译文没有进行更正，采用原文版本，译作"巴赫拉姆五世"。

稳定。

巴赫拉姆五世爱好追捕野驴，这也许是他得到"猎人"绰号的原因，除此之外，他喜好玩乐，尤其是在他年轻时，常常沉溺玩乐，置国家事务于不顾。巴赫拉姆五世时期铸造的德拉克马钱币成为后来布哈拉钱币的原型，这也显示了萨珊王朝对东方国家形成的巨大影响。铸币厂地址的缩写成为钱币背面设计的标配，君主肖像位于火祭坛之上，十分显著。

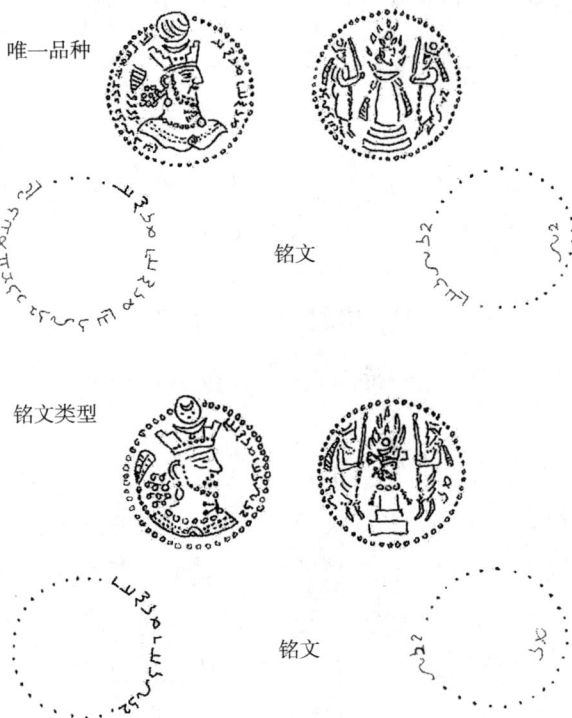

唯一品种

铭文

铭文类型

铭文

面值

AV 第纳尔

AR 德拉克马（#43，45）

AE 查柯

种类（铸币厂地址）——德拉克马

             AI   舒什

	ASP	伊斯法罕
	AT	阿塞拜疆
	AU	阿瓦兹
	BI	比沙普尔
	BLH	巴尔赫
	DA	达拉布基尔德
	GU	戈尔甘（#45）
	HRI	赫拉特
	KR	克尔曼
	MA	马赫
	MI	梅善
	MR	马弗
	NH	尼哈万德
	RD	雷伊
	RA	拉姆·奥哈默德
	RIU	列弗·阿尔达希尔
	ST	伊斯塔克尔
	Sh I	西兹（#43）
	TUS	图斯
	VH	韦·阿尔达希尔

（铸币厂地址）—查柯

	AI	舒什

伊嗣侯二世

公元 438—457 年

伊嗣侯二世是巴赫拉姆五世之子，一继位就公然对抗拜占庭帝国，初期获得了一些利益，后来同狄奥多西二世再次达成和平协议，边境从此恢复安宁。在解决了西部边境问题后，伊嗣侯二世集中精力对抗位于东北部强势的嚈哒人，萨珊军队所向披靡，但是一次极为罕见的惨败之后，双方暂时休战。伊嗣侯二世在位期间大肆镇压犹太教徒和基督教徒，试图强迫他们改信亚美尼亚的拜火教，结果引发了顽强抵抗。反抗运动直到在阿瓦埃尔才算真正镇压下去，对于亚美尼亚的犹太教徒和基督徒来说，那是极其黑暗的时期。

　　伊嗣侯一世时期的德拉克马钱币因刻有独特的王冠图案而与众不同，和巴赫拉姆五世时期钱币的王冠图案十分相像。同样，在钱币背面可以看到一系列铸币厂地址的缩写，除此之外皆采用标准的设计图案。

唯一品种

 铭文

面值

AV　第纳尔

AV　1/3 第纳尔

AR　德拉克马 （#47）

AR　奥波

AE　查柯 （#46）

种类（铸币厂地址）——德拉克马

　　　　　　　AH　　　哈马丹

　　　　　　　AI　　　舒什

符号	缩写	名称
◌	ASP	伊斯法罕
◌	AT	阿塞拜疆
◌	AU	阿瓦兹
◌	BLH	巴尔赫
◌	GU	戈尔甘
◌	HR	赫拉特
◌	DA	达拉布基尔德
◌	MA	马赫
◌	MI	梅善
◌	MR	马鲁
◌	NI	尼哈万德
◌	RD	雷伊
◌	ST	伊斯塔克尔
◌	SI	西兹
◌	TR	?
◌	VH	韦·阿尔达希尔

（铸币厂地址）——查柯

符号	缩写	名称
◌	AI	舒什

霍尔米兹德三世
公元 457—459 年

伊嗣侯二世驾崩之后，其两子霍尔米兹德与菲鲁兹争夺王位，起初霍尔米兹德三世胜出，继任君主，而菲鲁兹逃到伊朗东部，在嚈哒人的帮助下，返回国内将霍尔米兹德三世赶下王位，霍尔米兹德三世在位两年。

在此期间没有铸造专属于霍尔米兹德三世的钱币。

菲鲁兹一世

公元 459 — 484 年

菲鲁兹一世和霍尔米兹德三世争夺王位内战时，阿尔巴尼亚省趁机宣布独立。菲鲁兹一世登上王位之后，最先做的就是收复阿尔巴尼亚，这也是他唯一一次成功的行动。之后，伊朗发生了有史料记载以来最严重的旱灾和饥荒，灾荒持续了近七年之久。在此期间，民不聊生，饿殍遍野。后来，马兹达克推行共产式的改革，得到民众的广泛支持，但祭司和贵族对此十分不满。

中亚地区的移民使得伊朗东部边界的嚈哒人蠢蠢欲动，为抵御外敌入侵，菲鲁兹一世被迫领军与曾经的盟友刀剑相向。灾难随之而来，嚈哒人大破萨珊军队，生擒菲鲁兹一世，索要巨额赎金。公元 469 年，菲鲁兹一世由于无法缴纳赎金将儿子留在嚈哒人处做人质。改革军队，经过十年或更长时间之后，菲鲁兹一世再次领兵攻打嚈哒人，但结果依旧，萨珊军队伤亡惨重，菲鲁兹一世也在战场上丢了性命。

这一时期钱币上的两种王冠无疑特意反映了菲鲁兹一世遭遇不幸后再次进行加冕的情况。毋庸赘言，第二种王冠富有特色的多翼造型不是对所获荣耀的庆祝，而是象征着对胜利的渴望。即便是较为寻常的第纳尔钱币似乎也都是用纯度较低的黄金打造而成，可能是因为嚈哒人讨要的巨额赎金榨干了不幸的百姓。在菲鲁兹一世之后，钱币上所刻的铸币地址位于背面图案的右侧位置。

品种 I

铭文

品种 Ⅱ

 铭文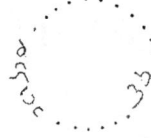

面值

AV　第纳尔

AV　1/6 第纳尔

AR　德拉克马（#48，49）

AR　奥波

AE　查柯

种类——德拉克马和奥波

第一种王冠后部未呈锯齿状

种类（铸币厂地址和年份）——第纳尔

	AIR	舒什	X
	VH	韦·阿尔达希尔	X

—1/6 第纳尔

| | BLH | 巴尔赫 | X |

—德拉克马

	AH	哈马丹	X（#48）
	AIR	舒什	X，6～7 年
	AM	阿莫勒	X
	AR	亚美尼	X
	ART	戈尔	X，6～7 年
	ASP	伊斯法罕	X，3～7 年
	AT	阿塞拜疆	X，5 年

	AU	阿瓦兹	X，6~7 年
	BISh	比沙普尔	X
	BLH	巴尔赫	X，4~7 年
	DA	达拉布基尔德	X
	GD	杰伊	X
	GN	贡德沙普尔	X
	GU	戈尔甘	X
	HRI	赫拉特	X
	KR	克尔曼	X
	MA	马赫	X
	MI	梅善	X
	MR	马弗	X，3~6 年
	NA	纳赫·泰尔	X
	NI	尼哈万德	X
	RAM	拉姆·奥哈默德	X
	RD	雷伊	X，3~8 年
	RI	列弗·阿尔达希尔	X，3 年（#49）
	SK	萨卡斯坦	X，6 年
	ST	伊斯塔克尔	X，5~7 年
	Sh I	西兹	X
	VH	韦·阿尔达希尔—奥波	X
	AS	伊斯法罕—查柯	X
	AI	舒什	X

X = 未标明日期

巴拉什

公元484—488年

巴拉什是菲鲁兹一世的兄弟，他的名字和帕提亚的沃洛吉斯属于同源词，在菲鲁兹一世战死后他即被扶持为君主。巴拉什向嚈哒人缴纳了一大笔贡金，王朝的东北部边界在几十年来第一次获得了安宁。随后，巴拉什在亚美尼亚就各种事项进行谈判，谈判结果是允许基督教徒信奉基督教且不受干扰，摧毁琐罗亚斯德教火祭坛，君主直接统治省份，不再任命他人代为统治。巴拉什外交政策搞得很成功，但他登上王位仅仅四年后，就被扶持他继位的贵族给废黜了。

巴拉什时期德拉克马钱币有一特点与众不同，其上所刻的君主的肩膀上方有火焰纹饰（不要和小型王冠上扬的后部混淆）；钱币正面首次出现了两圈点状镶边。由于拜占庭帝国没有像往常一样提供给萨珊王朝资助金，所以这一时期的钱币中没有第纳尔金币。

唯一品种

铭文

面值

AR　德拉克马（#50）

种类（代表铸币厂地址的字母）

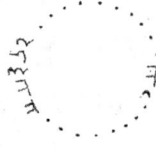

	AHM	哈马丹
	AI	舒什
	ASP	伊斯法罕

山	AU	阿瓦兹
ردد	GD	杰伊
صا	GO	戈尔甘
صى	KR	克尔曼
صں	RD	雷伊（#50）
صں	RIU	列弗·阿尔达希尔
صں	ST	伊斯塔克尔
صں	Sh I	西兹
صں	VH	韦·阿尔达希尔

卡瓦德一世

第一次执政：公元 488—496 年
第二次执政：公元 498—531 年

由于巴拉什未能取得广泛支持，贵族们再次将希望寄于菲鲁兹一世之子卡瓦德一世身上，希望他能控制嚈哒人。卡瓦德一世继位后获得了一部分嚈哒人的支持，但由于他对嚈哒人过于信任，不久就引起了贵族和祭司联手反抗，而促成联盟的另一因素则是因为卡瓦德一世对马兹达克教派（共产主义的一种早期形式）有浓厚兴趣。卡瓦德一世暂时保住了王位，但随后发生一系列的事件使他的处境进一步恶化。对阿拉伯人的突然袭击应对无力、与亚美尼亚人作战失败，又逢罗马要求割让尼西比斯作为帮助防御里海达尔班德口岸的报酬，达尔班德港口是阻止中亚游牧民族经高加索地区进攻萨珊王朝的要塞。虽然卡瓦德一世拒绝了罗马人的要求，但他的王位仍然岌岌可危。在一场宫廷叛乱中卡瓦德一世被迫下台并被囚禁起来，而他的弟弟扎马斯普登上了王位。在一位善良的贵族帮助下，卡瓦德一世逃到了嚈哒人的领地寻求庇护。

卡瓦德一世迎娶嚈哒女为妻后率领嚈哒大军重返萨珊王朝，并且许诺士兵如若成功上位则以重金相酬。扎马斯普没有能力控制混乱局势，在大军压境之时主动逊位。

卡瓦德一世的第二次执政改变了萨珊王朝的国内情况。由于历任统治者无法治理沙普尔二世遗赠的庞大王朝，一个世纪以来王朝内部纷争不止，而卡瓦德一世采取了一个新方法。他自知无法与祭司和贵族匹敌，于是放弃了马兹达克教派，在当时马兹达克教派宗教属性减弱，从某种意义上来说更像是一种政治纲领。随后他允许亚美尼亚人信仰基督教的自由，再次获得对亚美尼亚地区的控制权。阿拉伯人和嚈哒人欣然加入萨珊王朝共同攻打罗马，攻下阿米达。公元505年停战，因为匈奴来势汹汹已经通过了高加索地区。

在伊朗人心目中卡瓦德一世是一位仁慈改革者的形象，他在第二次执政期间修建桥梁、兴修水利、建立多座城市，比如在希尔万地区著名的"菲鲁兹—卡瓦德"，用于阻挡途经高加索地区的入侵。卡瓦德立场强硬，他曾想把较小的儿子库思老直接确立为继承人，但是由于君士坦丁堡查士丁一世的阻挠未能成功。但是，库思老后来做出了一件十分令人不齿的失信行为，查士丁一世还是支持了他。库思老在一次政策大会上杀死了大部分马兹达克教派领导人，马兹达克本人不久之后也死于迫害，马兹达克教派虽然存活下来，但是转为地下运动。

公元527年，萨珊王朝协助格鲁吉亚的基督教徒对抗琐罗亚斯德教，同时与罗马帝国开战。罗马帝国统帅贝利撒留此时正在撤兵出征北非攻打汪达尔人。如同往常一样，双方都没有足够的实力兼顾两条战线。但值得一提的是，卡瓦德一世改革的成效正在慢慢渗透到王朝的方方面面，虽然直到库思老一世时，一些改革成果才真正成形，尤其是税收制度的重组以及更加可靠的行政制度的构建。

卡瓦德一世两次执政期间的钱币很容易识别。第一次执政期间钱币上肖像线条清晰，形象饱满，而第二次执政期间钱币上的肖像更为纤小，宽度也更窄。除此之外，后者所刻王冠上端发饰上扬，形象夸张，状如双翼。可能是为了彰显卡瓦德一世恢复琐罗亚斯德教信仰，第二次执政期间的钱币上刻有大量的星星、月亮等星体图案，日期和铸币厂地址经常在钱币上出现。

品种 I

铭文

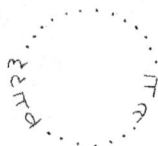

面值

AV　1/6 第纳尔

AR　德拉克马（#51）

AR　奥波

AE　查柯

种类（代表铸币厂地址的字母）——德拉克马

字母	地址
JⅡ	AI	舒什
ⅹⅡ	AM	阿莫勒
Ⅱ٤ⅠⅠ	ASP	伊斯法罕
ΩⅡ	AT	阿塞拜疆
JⅡ	AU	阿瓦兹
ﻻﻻ	BLH	巴尔克
Ⅱ3	DA	达拉布基尔德
3٦	GD	杰伊
レﺭ	GN	贡德沙普尔
ﻟﺭ	GO	戈尔甘
53	KR	克尔曼
ﻻⅹ	MA	马赫

↙⋈	MI	梅善
3ζ	RD	雷伊（#51）
ﾚ⊡ﾌ	ST	伊斯塔克尔
ﾚﾉﾅ	Sh I	西兹
ﾉﾚ	VH	韦·阿尔达希尔
ﾉﾚ	ZUZ	祖赞

（代表铸币厂地址的字母）——查柯

ﾚﾚ	AU	阿瓦兹
ﾚﾚ	GO	戈尔甘

品种Ⅱ

　铭文　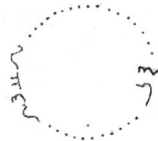

面值

AR　德拉克马（#52）

AR　奥波

AE　查柯

种类（铸币厂地址和年份）——德拉克马

⋈ﾉﾚ	AHM	哈马丹	11～37 年
(ﾚﾉ)ﾍﾍ	AI（RAN）	舒什	11～43 年
⊡ﾚﾚ	AM	阿莫勒	14～38 年
ﾉﾍﾚﾚ	APR	阿帕夏尔	36～42 年
⋈ﾍﾚﾚ	ARM	亚美尼	35～43 年

	ART	戈尔	20～39 年
	ASP	伊斯法罕	11～42 年
	AT	阿塞拜疆	16～39 年
	AU	阿瓦兹	11～41 年
	BISh	比沙普尔	12～40 年
	BLH	巴尔赫	11～16 年
	BST	泊斯德	39～42 年
	DA	达拉布基尔德	12～42 年
	DIN	迪纳瓦尔	32～36 年
	GN	贡德沙普尔	30～40 年
	GNChKR	甘扎克	34～37 年
	GO	戈尔甘	14～40 年
	GD	杰伊	11～41 年
	HR	赫拉特	13～40 年
	HUCh	库吉斯坦	35 年
	HVAS	卡瓦斯	20 年
	KR	克尔曼	11～41 年
	MA	马赫	15～38 年
	MI	梅善	15～40 年
	MR	马弗	22～40 年
	NIH	尼哈万德	28～41 年
	PR	弗莱特	17～39 年
	RAM	拉姆·奥哈默德	12～42 年
	RD	雷伊	12～41 年 （#52）
	RIV	列弗·阿尔达希尔	34～37 年
	SK	萨卡斯坦	12～43 年
	ST	伊斯塔克尔	12～40 年

╼┤┤┤	Sh l	西兹	12 ~ 40 年
╭╮┤	YZ	亚兹德	19 ~ 38 年
╭┐┤	VH	韦·阿尔达希尔	12 ~ 43 年
┡┡	ZUZN	祖赞	31 ~ 38 年

（铸币厂地址和年份）——查柯

╭┐┤	VH	韦·阿尔达希尔	38 年

扎马斯普
公元 496—498 年

由于不信任卡瓦德对于马兹达克教派的偏向性，贵族统治阶层罢黜了他，将他监禁，并选举他的兄弟扎马斯普取代他的位置。但后者的统治时间短暂而没有什么大作为。卡瓦德逃到了嚈哒——他之前在那里当过人质，在嚈哒人的帮助下，卡瓦德夺回了王位。

扎马斯普时期的德拉克马和奥波是那时仅有的两种钱币。钱币的正面有着微小的皇室人面半身像，人像正戴着象征王权的头带；在钱币发行第一年，上面刻有头带的一端朝上飘浮，而在随后的年份里发行的钱币却发现头带两端都下垂着。据说另一个被添加在钱币上去的人是阿胡拉·马兹达（光明之神）；在钱币的另一面，相对大小以及没有胡子的人像仿佛暗示我们这时有了一个皇储。右边刻着铸币厂地址和新王即位年份的信息，火祭坛以及两个随从印在左边。

品种 I

品种 II

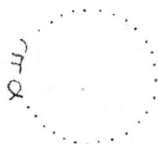
铭文

面值

AR　德拉克马（#53）

AR　奥波

种类（铸币厂地址和年份）——德拉克马

	AHM	哈马丹	2 年
	AI	舒什	1～3 年
	AM	阿莫勒	1～3 年
	ASP	伊斯法罕	1～3 年
	AT	阿塞拜疆	1 年
	AU	阿瓦兹	1～3 年
	BISh	比沙普尔	2 年
	BLH	巴尔赫	1～2 年
	GD	杰伊	3 年
	GO	戈尔甘	1～3 年
	KR	克尔曼	2 年
	MA	马赫	1～3 年
	MI	梅善	1～3 年
	MR	马弗	2 年
	RAM	拉姆·奥哈默德	3 年
	ST	伊斯塔克尔	1 年（#53）
	Sh I	西兹	1～3 年
	VH	韦·阿尔达希尔	1～3 年

库思老一世
公元 531—579 年

库思老是卡瓦德的幼子，并且深得父王宠爱。库思老支持他父亲有关社会改革的一系列措施，同时也寻求作为琐罗亚斯德教灵魂不灭主义复兴者的僧侣的支持——因此后代给予他"努失儿完"的绰号。的确，库思老的统治时期也被视作波斯萨珊王朝最开明的时期，它绝对见证了王朝内外繁忙不息的各种活动。

税制改革，以及土地详细调查的政策都是在卡瓦德执政时期出台的。这些改革措施对种田的农民以及阿拉伯哈里王朝后来吸收的城邦居民来说都是高效且公平的。改革包括了人头税以及基于平均收成而确定的收入税。收入税每年预先评估，所以农民看着他的庄稼腐烂，等待检查员检查田地。即使是这样，贫困阶级的生活依然困苦不堪，库思老把他的亲和力发挥到了极致——一种传奇般的性格特征，因此他的国民都觉得能亲自向他求助。再有，这位君主最爱的一位妻子是天主教徒，他本人的天性也极能容忍，尽管在他觉得必要时也能够变得十分残忍无情。

由于筹集军队需要装备，库思老执政期间实行的军事改革使得国家无法及时全部偿还贵族的债务；这立刻就在国内政治领域形成了一股新的阻力。王室不再像从前一样受到大封建领主的军队制约，但是却发现自己又处于职业军队将领的掌控中，军队将领很快对王室家族统治萨珊王朝形成了直接的威胁；直到王朝末期，政权的稳定性一直受到军队力量的威胁。

在对外方面，库思老完成了与土耳其游牧者结盟的谈判，这些游牧者在之后的公元 557 年摧毁了嚈哒人的统治。因为这些原因奥克苏斯河成为其领土和伊朗的分界线。库思老在里海东南部的危险低洼区域修建防御工事以抵挡游牧者的入侵，公元 561 年攻占安条克城之后，他的国家已经拥有挑战拜占庭人的力量。尽管黎凡特地区的战争结果一时胜负难定，而且双方摇摆不定，但是最终他们重归和平之后，皇帝查士丁尼获得了格鲁吉亚的领土。此前他一直每年都要向伊朗支付军事费用，用来在高加索一线进行防御，现在他得到了回报。在这段时间内，萨珊人欢迎来自君士坦丁堡拥有不同政见的人，比如逃离拜占庭城邦垄断的丝绸商人以及来自雅典学派的极有才能的老师，当他们遇到定居的困难时库思老会帮助他们回国。

　　库思老时期硬币的正面刻画了类似于他前任铸币上有的那种王冠。背面的图形目前发现了两种类型——铸造年份一直到第 5 年的早期款式上，侍从倚靠在长法杖上，在他们之间的火祭坛也没有缎带；而在之后款式的上面，侍从身前佩戴着更短的剑并且火祭坛装饰有飞舞漂浮的缎带。库思老最著名的黄金第纳尔钱币正面有着人面半身像，反面描绘了君王站立时的面容，他的头转向右边，看着他手中的头带。这可能是一个授衔仪式，因为关于仪式的记载在卡瓦德发现，当时正是库思老的父亲卡瓦德执政的第 44 年。因为它属于库思老所铸硬币类的第一批，所以上面配有数字。

品种 I
　　正面——人面半身像
　　背面——国王面容
品种 II

铭文

面值

AV　第纳尔—品种 I

AR　德拉克马（#54）

AE　查柯

种类——第纳尔—品种 I

正面—人面半身像

背面—统治者站立时的面容，右向

（铸币厂地址和年份）——德拉克马

符号	代号	地名	年份
	AHM	哈马丹	4～48 年
	AI（RAN）	舒什	1～48 年
	AM	阿莫勒	10～45 年
	APR	阿帕夏尔	12～47 年
	ARM	亚美尼	2～46 年
	ART	戈尔	12～47 年
	ASP	伊斯法罕	1～40 年
	AT	阿塞拜疆	3～20 年
	AUH	阿瓦兹	2～48 年
	BISh	比沙普尔	6～48 年
	BLH	巴尔赫	6～27 年
	BST	泊斯德	14～29 年
	DA	达拉布基尔德	2～48 年
	GN	贡德沙普尔	5～48 年
	GD	杰伊	2～48 年
	GO	戈尔甘	2～47 年 （#54）
	HR	赫拉特	3～47 年
	HUCh	库吉斯坦	22～29 年
	KR	克尔曼	1～47 年
	MA	马赫	2～20 年
	MI	梅善	2～48 年

字符	转写	中文	年份
⟋ᴐ	MR	马弗	1~47 年
⟋ᴜᴜᴌ	NAR	纳赫·泰尔	6~48 年
⌒ᴜᴌ	NIH	尼哈万德	2~48 年
⌒ᴜᴌ	NIHCh	尼沙普尔	14~48 年
ᴣᴐ	PR	弗莱特	7~48 年
ᴑᴜᴄᴢ	RAM	拉姆·奥哈默德	11~47 年
ᴣᴣ	RD	雷伊	2~38 年
ᴗᴣ	RIU	列弗·阿尔达希尔	12~48 年
ᴣᴜᴄ	SK	萨卡斯坦	10~46 年
ᴐᴐ	ST	伊斯塔克尔	2~48 年
ᴜᴜ	Sh I	西兹	2~45 年
ᴗᴜᴌ	VH	韦·阿尔达希尔	1~48 年
ᴗᴣ	YZ	亚兹德	2~48 年
⊢⊢	ZUZN	祖赞	13~36 年

霍尔米兹德四世
公元 579—590 年

霍尔米兹德与他的父亲库思老有一点很相似，他也想要改善贫困阶级的生活状态，并且他似乎也承继着父亲不相信封建家庭家长制度的习惯。但他显然缺乏领导王室甚至是家族和朝廷的那种坚毅性格。最后由于罢免巴赫拉姆·乔比——一位之前在东北地区打败土耳其人的受欢迎的将领的职位而给自己招来祸患，因为这位君主认为该将领没有提前对西部的拜占庭军队提高警惕，并做好防御工作。叛军抓住了霍尔米兹德，拥护他的儿子库思老二世称王。库思老二世同意处死父王霍尔米兹德。

巴赫拉姆带兵突进泰西封，想要抓住国王，于是库思老二世逃到了拜占庭的边境，他从莫里斯皇帝那里寻求和获得帮助以对抗篡位者，也就是这位新即位的巴赫拉姆六世国王。

霍尔米兹德的铸币是这个系列里较为索然无趣的一种，钱币发行的唯一的面值是德拉克马，从王国元年一直发行到第 13 年，上面有着很多铸币厂标志。

唯一品种

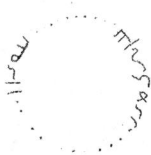 铭文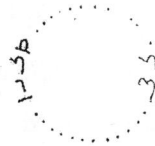

面值

AR　德拉克马（#55，56）

种类（铸币厂地址和年份）

标志	代码	地址	年份
ⲁ∿⊔	AHM	阿玛塔娜	2～12 年
(ⵎⵙ)⅃⊔	AI（RAN）	舒什	1～12 年
ⲁ⊔	AM	阿莫勒	12 年
ⲝ◖⊔	APR	阿帕夏尔	2～13 年
ⵙ⊔	AR	亚美尼	1～7 年
♭⊔⊔	ART	戈尔	6～10 年
♭⊔	AT	阿塞拜疆	11 年
⊔⊔	AU	阿瓦兹	1～12 年
ⵌⵉ⅃	BISh	比沙普尔	1～12 年
ⵕⵕⵕ	BLH	巴尔赫	9～12 年
ⵓ⟨⅃⟨	ChAChU	塔什干	6 年
⊔ϡ	DA	达拉布基尔德	1～12 年

3ᴗ	GD	杰伊	1～12 年（#55）
ᴗᴗ	GN	贡德沙普尔	1～12 年
ᴗ	GO	戈尔甘	2～13 年
ᴑᏅᏕ	HLM	霍尔姆	3～10 年
ᏕᏕ	HR	赫拉特	2～12 年
ᏕᎮ	KR	克尔曼	3～8 年
ᴗᏕᎵᎵᴆᏐ	MADA	马赫	6 年
ᴗᴑ	MI	梅善	1～12 年
Ꮥᴑ	MR	马弗	2～12 年
ᏕᎵᎵᴆ	NAR	纳赫·泰尔	2～12 年
ᏅᴗᏐ	NIH	尼哈万德	2～12 年
ᏨᏅᏐ	NIHCh	尼沙普尔	2～12 年（#56）
Ꮥᴔ	PR	弗莱特	5～12 年
ᴑᴗᏕᏕ	RAM	拉姆·奥哈默德	5～12 年
ᴗᏕ	RD	雷伊	1～13 年
ᴗᏕ	RIU	列弗·阿尔达希尔	12 年
ᏅᏕ	RHV	洛克瓦德	9～12 年
ᏕᏅᏕ 3	SK	萨卡斯坦	2～12 年
ᏕᴑᏅᏕ	SMR	撒马尔罕	2 年
ᴆᏅᏕ	ST	伊斯塔克尔	1～12 年
ᴗᏐᏐ	Sh I	西兹	2～12 年
(ᴑᏕᎵᎵ)Ꮥᴔ	TR（KVART）？		10～12 年
ᏅᴗᏐ	VH	韦·阿尔达希尔	2～12 年
ᴗᏐ	YZ	亚兹德	1～12 年
ᎵᏙᏙ	ZUZUN	祖赞	2～12 年

巴赫拉姆六世
公元 590 — 591 年

巴赫拉姆·乔比出身于封建旧家族，可能是安息帝国的后代。公元589 年他在东北部成功击退土耳其入侵者（或者更有可能说是土耳其的嚈哒人）。后来他却在与拜占庭人的交战中败下阵来，国王免去了他的职位。正因为如此，他加入了反对霍尔米兹德的叛军，占领了泰西封之后自立称王。与此同时库思老二世，在逃向拜占庭的保护之后，在公元591 年拜占庭军队的支持下归来，反过来向巴赫拉姆进军，并使得后者与土耳其人一起逃难撤退回阿塞拜疆，但巴赫拉姆随后被暗杀。

巴赫拉姆毋庸置疑很有才能，能够激起民众对他的个人崇拜；即使他未能战胜王子代表的正统萨珊王朝血脉继承人。伊朗和阿拉伯作家都将他视为历史演义小说的主角，而真实情况反而淹没在历史故事中无从探究了。

巴赫拉姆六世时期发行的钱币目前市面十分罕见，但是钱币样式很容易与库思老一世时期的铸币相混淆，即使这样，我们仍旧可以从它们的铸造年份——第一年和第二年来区分这两种货币。相比之下第纳尔钱币涉及样式更加罕见，从图案上区分，类似于同时代的拜占庭金币。

唯一品种

 铭文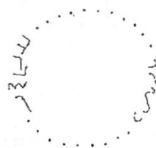

面值

AV　第纳尔（#58）

AR　德拉克马（#57）

种类（铸币厂地址和年份）——第纳尔

| الدرکان | AIRAN | 舒什 | 1 年（#58） |

（铸币厂地址和年份）——德拉克马

رابا	APR	阿帕夏尔	2 年
الدر(کان)	AI（RAN）	舒什	1 年
اللل	AU	阿瓦兹	1 年
البلخ	BLH	巴尔赫	2 年
جد	GD	杰伊	1 年
می	MI	梅善	1 年
مر	MR	马弗	2 年
نیشج	NIHCh	尼沙普尔	1 年（#57）
رد	RD	雷伊	2 年
ویح	VH	韦·阿尔达希尔	1 年

维斯塔哈姆
公元 591—596 年

　　维斯塔哈姆虽然是霍尔米兹德四世的妹夫，但他还是加入了叛军，反对这位不得人心的君主。之后他帮助库思老二世将巴赫拉姆六世驱逐出境，并且也在事实上拥护其侄子登上王位。库思老二世稳固王权之后，马上就开始向那些支持叛乱反抗他父亲的人复仇。

　　几乎是为求自保，维斯塔哈姆被迫宣布独立，并且在巴赫拉姆·乔比旧部的帮助下，将自己的首都建在了雷伊。在此基础上，他抵御了土耳其人在里海南部的进攻。最后，在执政约六年的时候，他在巴尔赫被刺杀，刺客可能是库思老二世派来的人。

刻在维斯塔哈姆钱币正面半身像上的两道线与众不同，使得它们的钱币很容易被认出来。并且国王的头发被打理成直辫垂在王冠之下。他发行钱币的铸币厂只有两处为世人所知。

唯一品种

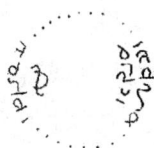 铭文

面值

AV　第纳尔

AR　德拉克马（#59）

AE　查柯

种类（铸币厂地址和年份）——第纳尔

| ٥الُ | APR | 阿帕夏尔 | 5 年 |

（铸币厂地址和年份）——德拉克马

| ٥الُ | APR | 阿帕夏尔 | 3～5 年 |
| 35 | RD | 雷伊 | 2～6 年（#59） |

（铸币厂地址和年份）——查柯

| 35 | RD | 雷伊 | 5 年 |

库思老二世

第一次执政：公元 590 年
第二次执政：公元 591—628 年

在公元 590 年上半年，一场宫廷政变推翻了霍尔米兹德四世的统治并且拥护继任者库思老二世称王；霍尔米兹德随后被刺杀。巴赫拉姆·乔比，一位能干并拥有自己军队力量的将军，加入了反叛军，一心想要夺得王位。库思老逃往拜占庭边界并且得到拜占庭皇帝莫里斯的支持。巴赫拉姆六世进军泰西封并且在该地自封为王；尽管身为一个封建贵族，他却没有波斯萨珊王朝的血统，并且从未得到大众或者甚至是普通封建主的支持。最后他被库思老的拜占庭军队驱赶并逃往土耳其，很快被暗杀。库思老的叔叔维斯塔哈姆更加崇尚坚决抵抗政策，但到公元 601 年伊朗至少是在表面上重新统一了。

库思老二世，被称作"帕维斯"（胜利之意），恢复了与拜占庭的敌对状态，拒绝与赫勒克留坐在谈判桌前谋求和平，赫勒克留是莫里斯辞世和福卡斯篡位后的胜利者。波斯军队在大马士革大获全胜（公元 613 年）。之后耶路撒冷和亚历山大港沦陷（公元 619 年），同时另一股势力横霸小亚细亚，并于公元 615 年到达了迦克墩。在同一时间阿瓦尔的游牧民族从巴尔干席卷而来，突然现身在欧洲地区君士坦丁堡的城墙下。尽管拜占庭人还保有海上控制权，赫勒克留也在黑海成功侵入了亚美尼亚（公元 622 年）。赫勒克留在高加索地区壮大力量后，于公元 627 年攻占并摧毁了位于达斯特盖尔德的库思老珍爱的宫殿。如他孙子建议的一样，库思老再一次拒绝妥协，因此诱发了一场军事叛变，他也在公元 628 年死于这场叛变之中。

库思老执政的显赫成就在波斯和阿拉伯作家的作品中得到印证。他在事实上重建了阿契美尼德王朝；但他的野心似乎永远得不到满足，他永远雄心勃勃，这超出了他的王国的经济生产与人力资源，尽管当时王国的资源不可说不丰富。他早期的成就令人惊讶，并且他也利用这些成就在外交方面进一步推进来实现自己的野心。当时阿拉伯半岛政治复杂，他本不该再来蹚这浑水，更不该把利益范围扩展到遥远的印度。与此同时，伊朗经济成功的最关键的部分——运河水系没有得到正确的维护。

库思老本人热爱艺术，尤其喜欢音乐；他的宫廷展示出——用弗莱依的话来形容，就是与一些罗马帝王"同样高雅的堕落情怀"。但达斯特盖尔德的宫殿被赫勒克留劫掠一空之后，王国的后人失去了一座伊朗文化的宝库。同样，库思老也没能领悟到琐罗亚斯德教在伊朗的宗教重要性。他最爱的妻子施瑞是一位基督徒，在他选择进攻拜占庭之后在政治上对他毫无帮助，因为基督徒被自动视为卖国贼。他与拜占庭人为敌，拜占庭人的虚弱给库思老进攻的机会，但是也使他分心，没有全心关注于他最终赖以成功的资源上。

在钱币方面，库思老的德拉克马遵循他父亲发行钱币的款式，刻有许多日期和铸币标识。在他第一年即位后发行的钱币在王冠样式上的一个明显改变，这一特征反映了巴赫拉姆六世篡位的历史事实，新王上位必须要有名正言顺的加冕礼。钱币正面朝外边缘部分的铭文频繁出现。非常明显的一个钱币类型是钱币正面刻有国王的半身像，而背面是阿娜黑塔（象征美和幸运的女神）的肖像。这种图案配对用在第纳尔金币上比较罕见。除了青铜材质的伊朗钱币之外，同期还有一种来自亚历山大港铸币厂的钱币，样式模仿的是同时代的拜占庭铸币风格。

品种 I

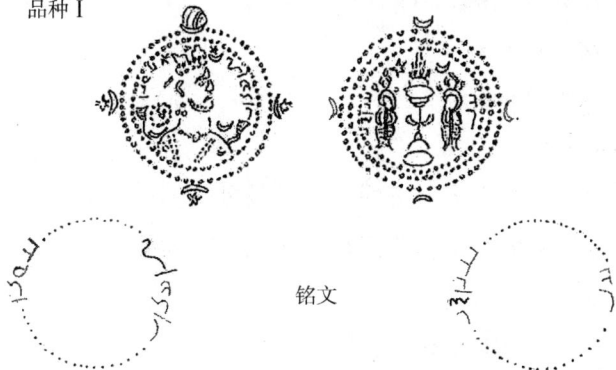

铭文

107

品种 Ⅱ

 铭文

品种 Ⅲ

 铭文

面值

AV　第纳尔（#60）

AR　德拉克马（#61，62，65，66，67）

AE　查柯（#64）

AE　努米阿（#63）

种类——第纳尔

正面：如品种 Ⅱ 所示；背面：如品种 Ⅲ 所示（#60）

正面：如品种 Ⅲ 所示；背面：国王站立时的面孔

—德拉克马

品种 Ⅰ—仅在第 1 年和第 2 年（#61）

品种Ⅱ—第 2 至第 39 年，有时在正面朝外的部分上有 ⼊ oﻟ
的符号或其他文字（#62，65，66）

品种Ⅲ—（#67）

—查柯

品种Ⅱ（#64）

—努米阿

正面：半身人像；背面：空白处有十字、钱币价值及铸币厂地址
（亚历山大港）（#63）

12 努米阿（金额 ℐℬ）

6 努米阿（金额 𐤒）

3 努米阿（金额 𐤓）

（铸币厂地址和年份）——第纳尔

ﻟﻟﺭﻟ	AIRAN	舒什	21 年（#60）
		？	33~34 年

（铸币厂地址和年份）——德拉克马

ﻟﻟᴧᴧ	AHM	哈马丹	1~38 年
ﻟﻟ(ᴧᴧ)	AI（RAN）	舒什	1~39 年
ﻟﻟ𐤀	AM	阿莫勒	2~38 年
ﻟﻟ𐤀	APR	阿帕夏尔	1~38 年
ﻟﻟᴧᴧ	ARM	亚美尼	1~10 年
ﻟﻟ𐤀	ART	戈尔	3~37 年
ﻟﻟ𐤀	ASP	伊斯法罕	3~37 年
ﻟﻟ𐤀	AT	阿塞拜疆	3~37 年
ﻟﻟﻟ	AU	阿瓦兹	1~38 年
ﻟﻟᴧᴧ	BISh	比沙普尔	1~38 年
ﻟﻟﻟﻟ	BLH	巴尔赫	11~36 年（#65）
3ᴧᴧ𐤀	DAR	达拉布基尔德	1~39 年

	DIN	迪纳瓦尔	36～37 年
	GD	杰伊	1～38 年
	GN	贡德沙普尔	1～38 年
	GO	戈尔甘	2～38 年
	HRI	赫拉特	2～10 年
	HUCh	库吉斯坦	5 年
	KR	克尔曼	4～35 年
	MA	马赫	29 年
	MI	梅善	1～39 年
	MR	马弗	2～38 年
	NAR	纳赫·泰尔	3～38 年
	NIH	尼哈万德	3～38 年
	NIHCh	尼沙普尔	1～38 年
	PR	弗莱特	2～38 年
	RAM	拉姆·奥哈默德	2～37 年
	RD	雷伊	2～38 年
	RIU	列弗·阿尔达希尔	9～35 年
	RHV	洛克瓦德	2 年
	SK	萨卡斯坦	3～5 年
	SMR	撒马尔罕	3～5 年
	ST	伊斯塔克尔	1～38 年
	Sh I	西兹	1～38 年
	TR	?	31 年
	VH	韦·阿尔达希尔	2～38 年
	YZ	亚兹德	1～38 年
	ZU	祖赞	2～38 年

（铸币厂地址和年份）——查柯

| ᴄᴜᴜ | NIHCh | 尼沙普尔 | 4 年 |

卡瓦德二世
公元 628 年

库思老的儿子希洛耶在获得王权之后成为卡瓦德二世，这也是顺理成章的事情。但是，他不仅默许谋杀父亲的行为，并且在即位之后迫不及待地与入侵的罗马人进行和谈。然而，在即位不到一年，他就死了，有一种说法是他死于瘟疫。

因为在位时间很短，所以他统治时期唯一已知的铸币德拉克马非常罕见，这些钱币都遵循他父亲所铸硬币的常规款式。

唯一品种

铭文

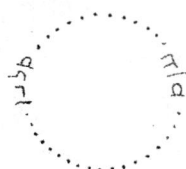

面值

AR 德拉克马（#68）

种类（铸币厂地址和年份）——德拉克马

᠕ᴌᴌᴌᴦ	AHM	哈马丹	2 年
（ᴌᴌᴦ）ᴌᴌ	AI（RAN）	舒什	2 年
ᴅ ᴌᴦᴌ	ART	戈尔	2 年
ᴌᴌᴌ	AU	阿瓦兹	2 年

凵山丿	BISh	比沙普尔	2 年
凵山3	DA	达拉布基尔德	2 年
3丿	GY	杰伊	2 年
凵丿	GN	贡德沙普尔	2 年
丿凵⊅	MI	梅善	2 年
⌒⌒丿L	NIHCh	尼沙普尔	2 年
3S	RD	雷伊	2 年 （#68）
凵丿	Sh I	西兹	2 年
⌒⌒丿L	VH	韦·阿尔达希尔	2 年
⌒⌒丿	YZ	亚兹德	2 年

阿尔达希尔三世
公元 628—630 年

卡瓦德二世的这位儿子在他刚七岁的时候就被加冕，他的执政持续了一年多的时间。他一直处于沙赫巴勒兹的威胁之下。沙赫巴勒兹是一位有反叛意图的军队指挥官，由库思老二世任命并且最终被他处死。

阿尔达希尔的钱币肖像是无须的，并且展示了两种不同的王冠，毫无疑问是对于当时废黜国王的暗示。

品种 I   品种 II

 铭文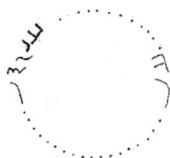

面值

AR　德拉克马（#69，70）

种类（铸币厂地址和年份）——德拉克马

	AHM	哈马丹	1～2 年
	AI（RAN）	舒什	1～2 年 （#69，70）
	APR	阿帕夏尔	1～2 年
	ARM	亚美尼	1 年
	ART	戈尔	1～2 年
	AT	阿塞拜疆	1 年
	AU	阿瓦兹	1～2 年
	BISh	比沙普尔	2 年
	DA	达拉布基尔德	1～2 年
	GD	雷伊	1～2 年
	GN	贡德沙普尔	1～2 年
	GO	戈尔甘	2 年
	MI	梅善	1 年
	MR	马弗	1 年
	NAR	纳赫·泰尔	2 年
	NIH	尼哈万德	1～2 年
	NIHCh	尼沙普尔	1～2 年
	PR	弗莱特	2 年
	RAM	拉姆·奥哈默德	1 年
	RD	雷伊	1～2 年

ᚹᛋ	RIU	列弗·阿尔达希尔	1~2 年
ᛒᛉ	ST	伊斯塔克尔	1~2 年
ᚧᚢ	VH	韦·阿尔达希尔	1~2 年
ᛋᚦ	YZ	亚兹德	1~2 年
ᚼ	ZU	祖赞	2 年

沙赫巴勒兹
公元 629 年

沙赫巴勒兹起初是库思老二世时期的一位将军，他从一些贵族和国王赫勒克留处得到帮助。在夺取泰西封之后，他杀掉了阿尔达希尔三世。根据阿拉伯历史学家的记载，他昭告天下自己成为继任国王。但在登基之后的两个月内，他就死于护卫队亲信参与的阴谋。他有可能在死之前迎娶了布伦，这个人成功助他登上王位。

这位篡位者没有铸造任何钱币。

库思老三世
公元 629 年

尽管只是库思老二世的一个侄子，这位年轻的王子短期内也获得了东伊朗的承认。可是他在抵达泰西封接受正式册封之前被库思老政府统治者暗杀了。莫驰瑞博士认为目前可知的数量稀少的带有无须半身像的德拉克马应该是属于他这一时期的铸币。但也有另外一种可能性，那就是这些钱币是另一位觊觎王位的年轻人——库思老五世早期发行的。

菲鲁兹二世
公元 629—630 年

作为库思老三世的兄弟，菲鲁兹似乎仅仅得到了王国东部地区一些省份的支持，而且也仅仅统治了几个月而已。他也没有铸造任何钱币。

布伦
公元 630—631 年

依据东方的风俗，卡瓦德二世为保住自己的王位宝座将所有库思老二世留下的男性后代全部杀掉。因此，后来库思老二世较年长的女儿布伦成为王位热门人选，她最先是沙赫巴勒兹的妻子，随后掌握了自己的权力，可能代表了一次有意识的尝试，也就是试图将大众的忠诚纳入萨珊王朝之中；对库思老二世成就的崇拜之情也是一个强有力的因素。布伦继续实行与拜占庭保持和平的政策，但她在执政十六个月之后却去世了，不知是死于自然原因还是别的原因。

她的德拉克马钱币有两种样式，西方款式以及更加简朴的东方款式。制模工匠在两种样式里都试图雕刻一个可辨认出的女性肖像。布伦时期的艺术作品博物馆里有着独一无二的第纳尔金币。

品种 I

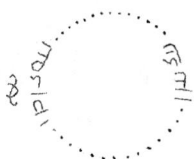

铭文

面值

AV   第纳尔—品种 II

AR   德拉克马（#71）

AE   查柯

种类——第纳尔

品种 II 正面：人面半身像

背面：统治者站立时的面孔

（铸币厂地址和年份）——德拉克马

↳山	AM	阿莫勒	1 年（#71）
ؘɔﺍ	APR	阿帕夏尔	1 年
ﻠﻠ	AU	阿瓦兹	2 年
ﻠﻟ	GO	戈尔甘	1 年
ؘ~	HR	赫拉特	1 年
ؘ3	KR	克尔曼	1 年
∽ﺍﺍ	NIHCh	尼沙普尔	1 年
3ɔɔ	SK	萨卡斯坦	2～3 年

（铸币厂地址和年份）——查柯

∽ﺍﺍ	NIHCh	尼沙普尔	1 年

阿扎尔米杜赫特
公元 631—632 年

这位公主是布伦的妹妹，在布伦逝世之后她在泰西封被拥护她的军队送上王位。这也许迫使她嫁给霍尔米兹德五世。但是结婚不久她就把自己的丈夫霍尔米兹德杀掉了，而她本人也是被她的儿子维斯塔哈姆给除掉的。

她在位期间铸造的德拉克马最近才被莫驰瑞博士给辨认出来。很显然，她的顾问认为她的铸币上的肖像不应该像布伦的那样过于暗示她的性别。她的肖像是带有胡须的。铸币上的名字是 A Ch RMIDAHTI；这可能代表当时的拼写或是反映了当地的拼写习惯。

唯一品种

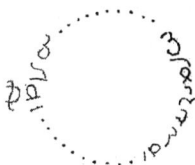
铭文
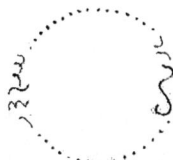

面值

AR　德拉克马

种类（铸币厂地址和年份）

⌒ᴜⵑ	NIHCh	尼沙普尔	1 年
⌐ⵑ	Sh I	西兹	1 年

霍尔米兹德五世
公元 631 — 632 年

这位王子是库思老二世的孙子，可能是在军队的支持下，他迎娶了阿扎尔米杜赫特。显然这门亲事违背了后者的意愿，因为在不久后她就谋杀了霍尔米兹德。

霍尔米兹德的铸币虽然是标准设计，但还是证明了两个我们关注的事实：铸币厂的标识意味着受到中央和伊朗西北势力的共同控制；日期标识印证了统治者一直担心自己的统治地位不够牢固，这种担忧持续到第二年。

唯一品种

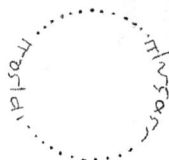
铭文
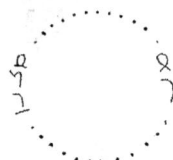

面值

AR 德拉克马（#72）

种类（铸币厂地址和年份）——德拉克马

ⱔⱑ（ⱔⱑⱔ）	AI（RAN）	舒什	2~3 年
ⱔⱑ	AU	阿瓦兹	2 年
ⱑ3	DA	达拉布基尔德	2 年
ⱑⱔ	GN	贡德沙普尔	1 年
ⱛⱑ	HR	赫拉特	2 年
ⱛⱊ	MI	梅善	2~3 年
ⱊⱑⱑ	NIHCh	尼沙普尔	1~2 年 （#72）
ⱛⱊ	RD	雷伊	2 年
ⱑⱔ	ST	伊斯塔克尔	2~3 年
ⱑⱑ	Sh I	西兹	2 年
ⱊⱑ	VH	韦·阿尔达希尔	2~3 年

库思老五世

公元 632 —？

据说这位库思老二世的孙子年纪很小，实际上没能掌握王国权力。

但属于他的那款德拉克马钱币上的日期证明他的执政持续了几年时间，尽管他死亡的日期还尚不清楚。

他的德拉克马钱币属于传统的设计，但是无须的肖像证实了他执政时期尚未成年。

唯一品种

铭文

面值

AR　德拉克马（#73）

种类（铸币厂地址和年份）——德拉克马

الدراس	AI（RAN）	舒什	2 年
ایل	AU	阿瓦兹	5 年
جے	GD	杰伊	7 年
ناسیر	NIHCh	尼沙普尔	2～5 年（#73）
ھتس	ST	伊斯塔克尔	6 年
احیل	VH	韦·阿尔达希尔	7 年

伊嗣侯三世
公元 632—651 年

在库思老二世被杀之后，萨珊王朝是通过军队指定小国君主继位来实现王权的继承的。这些匆忙之间登上王位的人正如弗莱伊写的那样，在历史上也许"仅仅只留下了名字";比如说其中的库思老四世,对于他的情况我们一无所知,还有库思老五世,一位因为支持伊嗣侯三世而被废黜的君王。

伊嗣侯是库思老二世的孙子。也许在走投无路的情况下,一些贵族在伊斯塔克尔的王朝寺庙城市找到了他。他之前作为流亡者藏在那里,而那些人当场就拥戴他称王。在这个时候阿拉伯人开始他们宏大的入侵计划,而伊嗣侯似乎没有什么军队,只能试图以举国力量来抵抗。这完全没有用。阿拉伯人先后在夸狄思雅(公元636年)和尼哈万德(公元642年)"大获全胜"。没有军队,事实上没有一个随从,伊嗣侯不止一次被迫出逃。最后当他隐藏在马弗附近时被杀害了。萨珊王朝分裂成好几块地区,随后阿拉伯制定了一系列地方性条约,同时使得战争停止。出于传统,伊嗣侯的女儿嫁给了哈里发阿里的儿子。事实上新的统治者采纳了萨珊王朝式的铸币类型以及德拉克马或迪拉姆的钱币胚子。他们甚至继续在上面刻上伊嗣侯二十年的日期,虽然大多数钱币都是在那之后生产的。

真正属于伊嗣侯时期的德拉克马钱币一般样式普通,但是更增加了各种各样的铸造日期和铸币厂标志。我们很难把他这时期铸币与入侵者发行的钱币彻底区分清楚。因为那个时候,入侵者也因为一些军事支出迫切需要货币,并且他们在一段较短时期内继续雇佣并使用了被俘地铸币厂的工匠和设备。无论如何,在这段执政期内,钱币的铭文在风格和样式上受到影响。

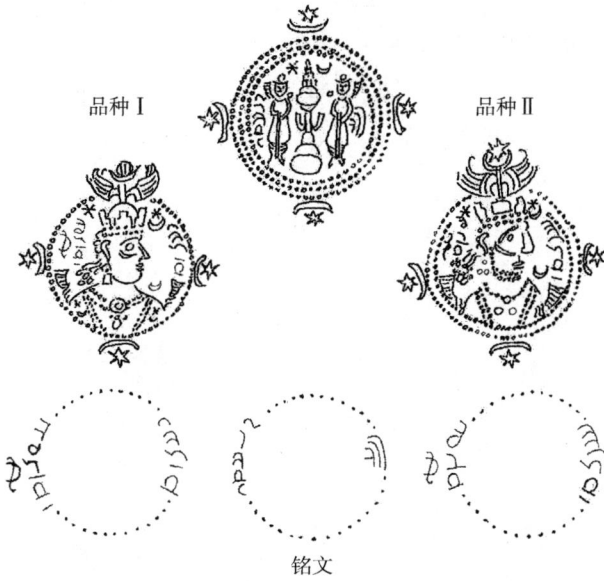

品种 I　　　　品种 II

铭文

面值

AR　德拉克马（#74）

AE　查柯

种类（铸币厂地址和年份）——德拉克马

山	AU	阿瓦兹	6～16 年
比	BISh	比沙普尔	3 年
巴	BLH	巴尔赫	17～20 年
3	DA	达拉布基尔德	2 年
贡	GN	贡德沙普尔	6～20 年
马	MR	马弗	20 年
纳	NAR	纳赫·泰尔	10～20 年（#74）
尼	NI	尼哈万德	11～13 年
尼沙	NIHCh	尼沙普尔	3～7 年
韦	RIU	韦·阿尔达希尔	1 年
萨	SK	萨卡斯坦	3～20 年

﹀ل	Sh I	西兹	13 年

（铸币厂地址和年份）——查柯

┌┴	AT	阿塞拜疆	11 年

书后插图附录

钱　币

24

25

26

27

28

29

30

31

32

33

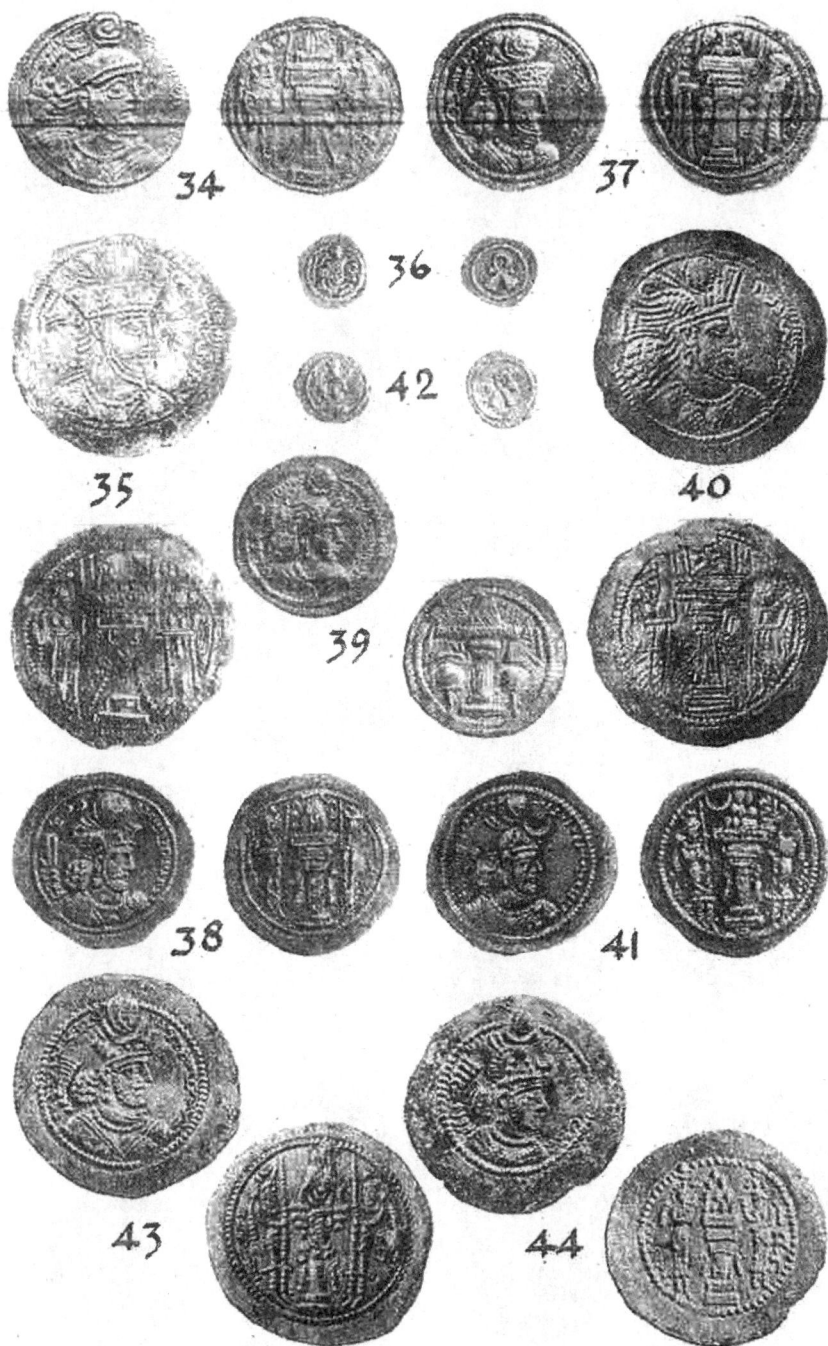

34

37

36

42

35

40

39

38

41

43

44

65 66 67 68 69 70 71 72

73   74

萨珊艺术

I

Ⅱ

Ⅲ

Ⅳ

Y

造假币者和假币

A

B

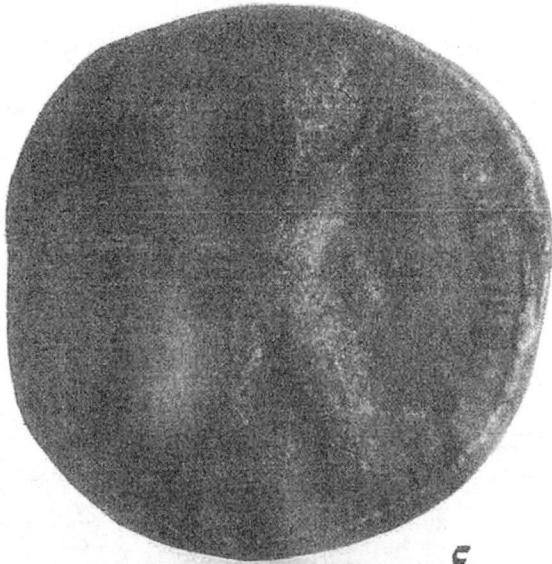

译者附录

一、历代年表

中文	英文	注释
阿尔达希尔三世统治时期	Artashir Ⅲ Reign	公元 628—630 年
阿拉伯对外征服战争时期	the Arab Conquest	公元 7—8 世纪
阿契美尼德（王朝）	Achaemenid Empire	公元前 550 年—公元前 330 年，又称为波斯第一帝国
阿萨西斯王朝	the Arsacids	公元前 238 年—公元 226 年
阿扎尔米杜赫特统治时期	Azarmidukht Reign	公元 631—632 年
安息帝国	Arsacid Empire	公元前 247 年—公元 224 年
霍尔米兹德四世统治时期	Hormazd Ⅳ Reign	公元 579—590 年
巴赫拉姆六世统治时期	Varhran Ⅵ Reign	公元 590—591 年
布伦统治时期	Buran Reign	公元 630—631 年
菲鲁兹二世统治时期	Firuz Ⅱ Reign	公元 629—630 年
贵霜王朝	Kushan Empire	公元 55—425 年
霍尔米兹德五世统治时期	Hormazd Ⅴ Reign	公元 631—632 年
卡瓦德二世统治时期	Kavad Ⅱ Reign	公元 628 年
库思老二世统治时期	Khusru Ⅱ Reign	第一次执政：公元 590 年；第二次执政：公元 591—628 年

续表

中文	英文	注释
库思老三世统治时期	Khusru Ⅲ Reign	公元 629 年
库思老五世统治时期	Khusru Ⅴ Reign	公元 632 —?
库思老一世统治时期	Khusru Ⅰ Reign	公元 531 —579 年
帕提亚帝国	Parthian Empire	公元前 247 年—公元 224 年
萨珊王朝	Parthian Empire	公元 226 —642 年
塞琉西王朝	the Seleucids	公元前 323 年—公元 238 年
沙赫巴勒兹统治时期	Shahrabaraz Reign	公元 629 年
维斯塔哈姆统治时期	Vistahm Reign	公元 590 —596 年
倭马亚王朝	Umayyad Caliphate	公元 661 —750 年
伊嗣候三世统治时期	Yazdgard Ⅲ Reign	公元 632 —651 年
扎马斯普统治时期	Zamasp Reign	公元 496 —498 年

二、专业词汇对照表

中文	英文	注释
《1905 年莱顿斯通随笔》	Written at Leytonstone, 1905	
《第七大东方君主》	Seventh Great Oriental Monarchy	
《东印度群岛和马来半岛的锡币和铜币》	Tin and Copper Coins of the East Indian Arclupelago and Malay Peninsula	
《古代经典世界：公元前 600 年—公元 650 年》	The Ancient and Classical World, 600B. C. – A. D. 650	
《剑桥伊朗史》	The Cambridge History of Iran	
《穆斯林国家的现代铜币》	Modern Copper Coins of the Muhammedan States	
《穆斯林钱币名录》	Catalogue of Muhammadan Coins	
《钱币编年史》	Historian Numorum	
《钱币纪事》	The Numismatic Chronicle	
《萨珊王朝的钱币》	Sanssanian Coins	
《萨珊王朝钱币》	Sasanidische Numismatik	

续表

中文	英文	注释
《印度铜币》	Copper Coins of India	
《硬币和勋章》	Munzen & Medaillen	
阿拉伯数字	the Arabic numeral	
阿拉姆语	Aramaic	
阿契美尼德王朝	Achaemenid Empire	波斯阿契美尼德王朝，也称为波斯第一帝国
凹处	recessed	
奥尔米兹达干战役	the battle of Hormiz daghan	阿尔达班五世在奥尔米兹达干战役中阵亡，帕提亚帝国灭亡
巴伯艺术学院	the Barber Institute of Fine Arts	
巴列维语	Pahlavi	约公元 3 – 8 世纪的伊朗语
拜火教/琐罗亚斯德教	Zoroastrianism/Zoroastrian religion	古代波斯帝国的国教，曾被伊斯兰教徒称为"拜火教"
鲍德温父子有限公司	A. H. Baldwin and Sons Ltd.	
北方城市电车有限公司	North Metropolitan Tramways	
伯明翰大学	the University of Birmingham	
城墙冠	mural crown	（古罗马时期）一种头冠或花环，赏赐给首先登上被围城墙的士兵
冲模，模子	die	
刺绣	embroider	
大英博物馆	the British Museum	
东方钱币协会	the Oriental Numsmatic Society	
法尔	Farr	一种神秘的王权，译者音译
弗瑞尔艺廊	Freer Gallery	
浮雕	relief	
格兰迪宁斯拍卖行	Glendinings	

续表

中文	英文	注释
古阿拉伯字母表	kufic	
国际标准图书编号	I. S. B. N.	
皇家钱币协会	the Royal Numismatic Society	
吉拜有限公司	B. A. Jeaby Ltd.	
佳士得拍卖行	Christies	
克洛伊波什	Korymbos	萨珊国王的一种发型
乐德利	Le Deley	
里海	Caspian Sea	世界最大的咸水湖
〔法〕劳伊银行	Bank Leu	
马兹达教	Mazdakism	也称琐罗亚斯德教，主神为阿胡拉·马兹达
芒兹有限公司	Munz Zentrum G. m. b. H.	
美国钱币协会	the American Numismatic Society	
摩尼教	Manichaeism	
纳克歇·洛斯塔姆	Naqsh－i－Rustam	纳克歇·洛斯塔姆岩石浮雕：波斯帝陵和萨珊浮雕位于距波斯波利斯不远处的一座山崖上，纳克歇是波斯史诗中的英雄，洛斯塔姆是肖像之意，还有一种解释是帝王的山谷。
尼哈万德之战	the battle of Nihavand	
努失儿完	Anushirwan	统治中东地区的蒙古四大汗国之伊尔汗国末代帝王
帕尔米拉	Palmyra	今叙利亚，公元前1世纪建立于叙利亚沙漠中部绿洲的古城，曾有过较高文明，以世界贸易中心的地位独霸西亚
坯子	flan	

中文	英文	注释
破译	decipher	
钱币艺术有限公司	Numismatic Fine Arts Inc.	
瑞士信贷集团	Credit Suisse	
塞西亚人	scythian	
身份、地位、职责	capacity	
斯宾克父子有限公司	Spink & Son Ltd.	
索格狄亚纳人	Sogdian	
同轴度	concentricity	
图例，刻印文字	legend	
希腊化	Hellenis（z）ation	
希腊人的	Hellenic	
希腊文化爱好者	Philhellene	
肖像学	iconography	
伊塔洛和保罗·维奇公司	Messrs. Italo and Paul Vecchi	
意大利君主协会	the King of Italy	
印度博物馆	the Indian Museum	
印度钱币协会	the Indian Numismatic Society	
英国伦敦某区邮编	S. W. 1	
杂物人员	hack	
宗主权，领主地位	suzerainty	
总督，太守	satrap	
总督辖地	satrapy	

三、钱币名称对照表

中文	英文	注释
奥波	Obol	古希腊的银币，1/6 德拉克马
奥里斯	aureus	古罗马的金质货币
半德拉克马	half – drachm	古希腊的银币，等于三奥波

续表

中文	英文	注释
半德拉克马	Hemidrachm	译者音译，相当于三奥波
比隆	billon	银合金
查柯	Chalkoi	古希腊的银币，八分之一德拉克马
当	dāng	译者音译，传统的伊朗金银兑换率，六分之一
德拉克马	Drachm	古希腊银币名；（现代希腊）货币单位
迪拉姆	dirham	阿拉伯联合酋长国的流通货币
第纳尔	Dinar	伊拉克等国的货币单位
第纳尔金币	gold dinar	罗马货币
努米阿（音译）	Nummia	译者音译，古希腊的青铜货币
三奥波	triobol	译者音译，古希腊的银币，等于半德拉克马
四德拉克马银币	Tetradrachm	古希腊的银币
苏勒德斯	sulidus	一种古罗马金币
夏尔寇斯币	chalkous coin	译者音译，复数形式：chalkoi coins

四、地名对照表

中文	英文	注释
阿贝拉	Arbela	
阿多巴达干、阿塞拜疆	Adurbadagan/Azerbaijan	
阿尔达希尔—花拉/戈尔	Artashir Kwarrah/gor	译者音译
阿拉霍西亚	Arachosia	译者音译
阿玛塔娜	Ahmatana	译者音译
阿莫勒	Amol	
阿帕夏尔	Aparshahr	译者音译
阿瓦兹	Ahwaz	
阿瓦兹	Auhrmazd Artashir/Ahwaz	今菲鲁扎巴德
埃及	Egypt	

续表

中文	英文	注释
埃克巴坦那	Ecbatana	译者音译
艾兰	Airan	译者音译
爱琴海	Aegean Sea	
安条克	Antioch	
安息	Arsacid	译者音译
奥尔米兹达干	Hormizdaghan	阿富汗西北部城市
奥克苏斯河	Oxus	译者音译
奥苏斯	Ossus	译者音译
巴比伦	Babylon	
巴布尔	Babul	
巴尔赫	Balkh	
巴克特里亚	Bactria	
巴勒斯坦	Palestine	译者音译
拜占庭	Byzantium	
比沙普尔	Bishapur	
俾路支	Baluclustan	
波拉特	Porat	
波斯/波西斯	Persia，Persis	
波斯波利斯	Persepolis	译者音译
波斯湾	the Persian Gulf	译者音译
泊斯德	Bost	
布哈拉	Bukhara	
达拉布基尔德	Darabgird	
达斯特盖尔德	Dastagird	
大马士革	Damascus	萨珊首都
德黑兰	Tehiran	
迪纳瓦尔	Dinavar	
底格里斯/底格里斯河	Tigris	
菲鲁扎巴德城	Firuzabad	波斯重要城市
盖伊	Gay	

续表

中文	英文	注释
甘扎克	Ganzak	
高加索山脉	Caucasus Mts.	
戈尔	Gor	
戈尔甘	Gurgan	
格拉尼卡斯	Granicus	译者音译
贡德沙普尔	Gundeshapur	译者音译
哈勒弗	Harev	
哈马丹	Hamandan	哈马丹（波斯语：همـدان），中亚古城，古称埃克巴坦纳（Ec-batana），伊朗哈马丹省省会，丝绸之路上的一个重要站点
赫拉特	Herat	阿富汗西北部城市
恒河	Ganges	
霍尔姆	Kholm	
霍拉桑、呼罗珊	Khurasan	
吉兰	Gilan	
加尔各答	Calcutta	
迦克墩	Chalcedon	
杰伊	Jay	
君士坦丁堡	Constantinople	
卡瓦斯	Kvas	
克尔曼/卡尔马尼亚	Kirman/Carmania	
库吉斯坦	Khuzistan	译者音译
夸狄思雅	Qadisyya	
拉姆·奥哈默德	Ram Auhrmazd	
莱顿斯通	Leytonstone	
雷伊	Ray	伊朗旧称
黎凡特	Levant	
里海	Caspian Sea	
列弗·阿尔达希尔	Rev Artashir	译者音译

中文	英文	注释
罗马	Rome	
洛克瓦德	Rokhvadh	
马弗/马尔吉亚那	Marv/Margiane	
马赫/美迪亚	Mah/Media	
马拉松	Marathon	
马其顿	Macedonia	
梅善/梅塞内	Meshan/Mesene	
美索不达米亚	Mesopotamia	
纳赫·泰尔	Nahr Tire	译者音译
纳克什—伊—如斯塔木	Naksh – i – Rustam	今土库曼斯坦境内
尼哈瓦奈尔	Nihavanel	
尼哈万德	Nihavand	
尼沙普尔	Nishapur	
帕尔米拉	Palmyra	
帕提亚	Parthia	译者音译
普拉蒂亚	Plataea	
撒马尔罕	Samarkand	译者音译
萨卡斯	Sakas	译者音译
萨卡斯坦	Sakastan/Sagistan	
萨拉米	Salamis	
塞琉西亚	Seleucia/Veh Artashir	译者音译
上肯宁顿巷	Upper Kennington Lane	
舒什	Shush	
斯塔克尔	Stakhr	
苏萨	Susa	小亚细亚古城市，今伊拉克首都巴格达，也是丝绸之路经过的地方
塔巴里斯坦	Tabaristan	译者音译
塔克·基斯拉	Taq – i – Kisra	
塔什干	Tashkent/Chach	译者音译

续表

中文	英文	注释
泰西封	Ctesiphon	
图斯	Tus	
韦·阿尔达希尔	Veh Artashir	
西兹	Shiz	
希尔万	Shirwan	
希拉兹	Shiraz	
咸海	Aral Sea	
小亚美尼亚	Lesser Armania	
小亚细亚	Aisa Minor	
叙利亚	Syria	译者音译
雅克博斯坦	Iaq – e – Bostan	阿富汗西北部城市
亚历山大港	Alexandria	
亚美尼	Armin	
亚美尼亚	Armenia/Armin	
亚米大	Amida	
亚兹德	Yazd	
耶路撒冷	Jerusalem	
嚈哒	Hephthalite	
伊朗	Iran	
伊斯法罕	Aspadana/Isfahan	即帕提亚帝国（公元前247年—公元224年）
伊斯塔克尔	Istakhr	
印度河	Indus river	译者音译
印度洋	Indian Ocean	
尤路思	Jurlus	
幼发拉底河	Euphrates	
扎朗	Zarang	
中亚河中地区	Transoxiana	
祖赞	Zuzan	

五、人名对照表

中文	英文	注释
g. 赫尔曼博士	Dr. g. Herrmann	学者名字
阿贝尔·马利克	Abel al – Malik	货币改革者
阿布加利安斯	M. Abgarians	博士名字
阿杜纳塞赫	Adurnarseh	萨珊王朝王子名字（译者音译）
阿尔巴姆	S. Album	
阿尔伯特·鲍德温	Albert Baldwin	企业家名字
阿尔达班	Ardavan	帕提亚帝国最后一任皇帝
阿尔达希尔	Artashir	萨珊王朝统治者名
阿尔达希尔二世	Artashir II	萨珊王朝统治者名
阿尔特克什特尔	Artkhshtr	萨珊王朝统治者名
阿胡拉·马兹达	Ahura Mazda	光明之神
阿娜黑塔	Anahita	古波斯神话中司江河的女神，意为"纯洁而伟大的河流"，象征美和幸运的女神
阿萨西斯	Arsaces	帕提亚统治者
阿扎尔米杜赫特	Azarmidukht	霍尔米兹德五世的妻子/波斯萨珊王朝统治者名
阿兹尔米迪提	Azrmidhti	萨珊王朝统治者名
埃尔森	M. G. Elsen	
安条克三世	Antiochus III	塞琉古帝国第六位国王
奥尔姆兹	Auhrmzi	萨珊王朝统治者名
奥尔姆兹迪	Auhrmzdi	萨珊王朝统治者名
奥勒良	Aurelian	罗马皇帝
巴巴克	Papak	萨珊王朝统治者名
巴赫拉姆·乔比	Varhran Chobin	萨珊王朝统治者名（译者音译）
巴赫拉姆三世	Varhran III	萨珊王朝统治者名
巴赫拉姆四世	Varhran IV	萨珊王朝统治者名

续表

中文	英文	注释
巴赫拉姆五世	Varhran V	萨珊王朝统治者名
巴拉什	Valkash	萨珊王朝统治者名
卑路斯	Piruz	萨珊皇帝
贝茨	M. Bates	博士名字
贝利撒留	Belisarius	拜占庭帝国将军
本多尔	S. Bendall	
比韦	A. D. H. Bivar	博士名字
布尔吉	M. E. Bourgey	
布拉尼	Burani	萨珊王朝统治者名
布莱尔	A. Bryer	教授名字
布伦	Buran	库思老二世的女儿、沙赫巴勒兹的妻子、萨珊王朝统治者名
布鲁姆	M. Broome	
查士丁尼	Justinian	拜占庭帝国皇帝
查士丁一世	Justin I	拜占庭帝国皇帝
大流士三世	Darius III	阿契美尼德王朝的国王（公元前 336 年—公元前 331 年在位）
大卫·赛尔伍德	David Sellwood	本书作者名
戴克里先	Deocletian	罗马皇帝
狄奥多西二世	Theodosius II	罗马帝国皇帝
飞利浦·惠廷	Philip Whitting	本书作者名
菲鲁齐	Firuch	萨珊王朝统治者名
菲鲁兹	Firuz	萨珊王朝统治者名
菲鲁兹一世	Firuz I	萨珊王朝统治者名
佛尔卡什	Vlkash	萨珊王朝统治者名
佛尔兰	Vrhran	萨珊王朝统治者名
弗莱依	Fyre	学者名字
弗兰克·斯坦伯格	Frank Sternberg	
弗兰克斯	Franks	学者名字
福卡斯	Phocas	拜占庭帝国皇帝

中文	英文	注释
高博	G. Gobl	教授名字
哥布林	Gobl	学者名字
格鲁佛	B. Grover	教授名字
哈里发·阿里	Caliph Ali	
哈米迪	H. Hamidi	
哈姆帕图米安	N. Hampartumian	
海	M. Hay	
海德	B. V. Head	作家名字
赫尔曼	G. Herrmann	博士名字
赫勒克留	Heraclius	拜占庭帝国皇帝
胡斯瑞	Husrui	萨珊王朝统治者名
霍尔米兹德	Hormazd	
霍尔米兹德二世	Hormazd Ⅱ	萨珊王朝统治者名
霍尔米兹德三世	Hormazd Ⅲ	萨珊王朝统治者名
霍华德·李尼尔	Howard Lineear	
吉本	Gibbon	学者名字
加农·洛林森	Canon Rawlinson	作家名字
居鲁士大帝	Cyrus the Great	古波斯第一帝国阿契美尼德王朝的缔造者（公元前550—公元前529年在位）、波斯皇帝、伊朗国父
君士坦丁	Constantine	罗马皇帝
卡尔卡拉	Caracalla	罗马皇帝
卡鲁斯	Carus	罗马皇帝
卡提尔	Kartir	萨珊王朝贵族名字
卡瓦德	Kavad	萨珊王朝统治者名
卡瓦德一世	Kavad I	萨珊王朝统治者名
柯蒂斯	B. Curtis	
科德	Kirdir	琐罗亚斯德教最高祭司，教主
科尔斯	Cols	

中文	英文	注释
科斯鲁布斯基	Koszplubski	
科瓦提	Kvati	萨珊王朝统治者名
克拉苏	Crassus	古罗马军事家
克雷格·布鲁斯	Craig Burus	博士名字
克瓦特	Kvat	萨珊王朝统治者名
库思老一世	Khusru I	萨珊王朝统治者名
库思老	Khusru	译者音译
兰兹·纽米斯麦提克	Lanz Numismatik	
理查德·弗莱伊	Richard Frye	
理查德·威廉姆斯	Richard Williams	本书作者名
卢科宁	Lukonin	学者名字
卢科宁	V. Lukonin	博士名字
罗维克	N. Lowick	
马丁	C. Martin	
马杜克	Marduk	巴比伦的最尊神
马克里努斯	Macrinus	罗马帝国第二十四任皇帝
马兹达克	Mazdak	菲鲁兹一世时期改革者
芒罗·沃克	P. Munro Walker	
茅同	G. Mauton	
米勒	D. Miller	
米奇奈尔	M. Mitchiner	博士名字
米特拉达梯二世	Mithridates II	帕提亚帝国第三任国王
米特拉达梯一世	Mithridates I	安那托利亚本都王国的建立者
密特拉	Mithra	波斯神话中的光明之神
莫驰瑞	Mochiri	博士名字，译者音译
莫德特曼·摩尔根	Mordtmann de Morgan	学者名字
莫里斯	Maurice	拜占庭帝国皇帝
莫奇瑞	M. Mochiri	博士名字
穆勒	G. Muller	
穆雷	I. Murray	

中文	英文	注释
纳尔塞	Narseh	萨珊王朝统治者名
纳尔赛斯	Narses	萨珊王朝统治者名
纳尔什	Nrshi	萨珊王朝统治者名
帕鲁克	F. D. J. Paruck	作家名字
帕鲁克	Paruck	学者名字
帕帕克	Papak	阿尔达希尔一世的父亲
派特	J. Pett	
普罗塔索维奇	Protassowicki	
柔斯塔姆	Rostahm	阿扎尔米杜赫特的儿子
萨珊	Sasan	阿尔达希尔一世的祖父，萨珊王朝因此而得名
萨维勒	D. Saville	
塞琉古	Seleucus	塞琉西王朝开创者
沙赫巴勒兹	Shahrabaraz	萨珊王朝统治者名
沙普尔	Shapur	萨珊王朝统治者名
沙普尔二世	Shapur Ⅱ	萨珊王朝统治者名
沙普尔三世	Shapur Ⅲ	萨珊王朝统治者名
施瑞	Shirin	库思老二世的妻子（译者音译）
什普里	Shpuhri	萨珊王朝统治者名
泰勒	E. Taylor	
泰勒·史密斯	S. Tyler Smith	
托勒密	Ptolemy	埃及总督
瓦勒利安	Valerian	罗马皇帝
瓦伦丁	W. H. Valentine	作家名字
维斯塔哈姆	Vistahm	萨珊王朝统治者名
维斯特姆	Vsthm	萨珊王朝统治者名
沃克	S. Walker	博士名字
西尔	D. Sear	
西蒙	H. Simon	博士名字

中文	英文	注释
西尼尔	R. Senior	
希洛耶	Shiroe	库思老的儿子
薛西斯一世	Xerxes	阿契美尼德王朝的国王（公元前 485 年—公元前 465 年在位）
雅尔·夏特	E. Yar Shater	教授名字
亚历山大大帝	Alexander the Great	马其顿王国国王（公元前 356 年—公元前 323 年）
伊斯特克尔提	Yzdkrti	萨珊王朝统治者名
伊嗣侯	Yazdgard	萨珊王朝统治者名
伊嗣侯二世	Yazdgard Ⅱ	萨珊王朝统治者名
伊嗣侯一世	Yazdgard Ⅰ	萨珊王朝统治者名
扎马斯普	Zamasp	萨珊王朝统治者名
扎姆	Zam	萨珊王朝统治者名
朱利安皇帝	emperor Julian	罗马皇帝